Des Herrn Wort
ist ein guter Stecken
und Stab,
kein eleganter
Spazierstock.

Wer dient ist frei

EIN EMIL FROMMEL-BREVIER

Das Lebensbild Emil Frommels
schrieb Ludwig Wien. Er traf auch die Auswahl
der Frommel-Texte. Die graphische
Gestaltung besorgte Bruno Kröll.

Hans Thoma Verlag, Karlsruhe

Noch etwas auf dem Herzen

Zu meiner Gemeinde in Karlsruhe gehörte ein uraltes Weiblein, das sich an einem großen Stock herumschleppte. Ihr Aufenthalt war eigentlich nur der Kirchhof. Sie hörte alle Leichenreden und man hatte wenigstens an ihr einen wirklich andächtigen Zuhörer. Da fragte ich sie mal, es war im Juni: „Sagt mal, Walzin, wie alt seid Ihr denn unter Brüdern? Wenn man einmal so alt ist wie Ihr, dann braucht man sich ja nicht mehr genieren."
„Ja", sagte sie, „Herr Pfarrer, das weiß ich selber nicht. Ich werde so ungefähr um die Hundert 'rumspringen; wenigstens ist es schon 76 Jahre her, daß mein Seliger gestorben ist. Damals war ich in die zwanzig, wie er in den Krieg ist. Ich weiß nicht, es sterben immer junge Leute, und ich lebe immer noch. Unser Herrgott muß scheint's ganz vergessen haben, daß ich noch auf der Welt bin, sonst hätte er mich doch schon längst geholt, und ich erinner' ihn doch immer dran beim Beten und auf dem Kirchhof." Ich tröstete sie, daß sie auch noch dran kommen werde, sie solle nur machen, daß sie richtig in den Himmel käme.
„Ach, da bet' ich alle Tage drum", sagte sie, und sie war auch in der Tat ein frommes Weiblein, auch etwas nach dem Stil der Frömmigkeit von Anno 1770. Da wurde ich wenige Tage darauf, als ich gerade auf dem Kirchhof war, zu ihr gerufen; sie sei schwer krank und

es werde wohl ihr Letztes sein. Ich ging denn schnell zu ihr hinauf und fand sie auch oben in ihrer Dachkammer recht schwach.
„Jetzt geht's endlich heim, Herr Stadtpfarrer! Ach, kommen und beten Sie mit mir, daß ich richtig in den Himmel komme." Trotz ihrer Armut war alles doch sauber und nett da oben, ganz, wie wenn sie jemanden erwartete. Sie war im ganzen Hause geliebt, weil sie die Kinder hütete, wenn die Eltern fort mußten, und den Kindern konnte sie schön erzählen und sah dabei selber in ihrer großen, gefältelten Haube und mit dem langen Stab in der Hand aus wie eine alte Großmutter im Märchenbuch. So hatten die Nachbarn ihr auch jetzt das Zimmer geschmückt. Es ist überhaupt rührend, wie treu die liebe Armut oft sich untereinander hilft ohne viel Worte, als wenn sich das von selbst verstände. Ich setzte mich denn zu meiner alten Walzin hin, und fand sie still und köstlich vorbereitet. Sie sprach mir meistens die Sprüche vor, wenn ich sie kaum angefangen hatte zu sagen. Dann betete ich mit ihr und segnete sie. Wir reichten uns die Hand zum Wiedersehen im Himmel. Als ich schon an der Tür war, rief sie mich noch einmal zurück. „Ach, Herr Stadtpfarrer", sagte sie, „ich habe noch etwas auf dem Herzen – aber Sie dürfen mich nicht auslachen."
„Ei, wo werde ich!" sagte ich.
„Gewiß nicht?"
„Nein", sagte ich, „gewiß nicht!"
Ich dachte nun, sie hätte irgend etwas in ihrem langen Leben begangen, und war gespannt darauf, was sie sagen würde. Aber es kam etwas ganz anderes.
„Sehen Sie", sagte sie, „lieber Herr Stadtpfarrer, ich hätt halt noch einen Wunsch."
„Und was wär' der?"
„Ja, sehen Sie – ich habe mein Lebtag so gerne Kirschen gegessen, und da hätt' ich den Wunsch: wenn ich mich nur noch einmal im Leben so recht könnte satt essen an Kirschen. Ich sterbe ja gewiß gern; aber nicht wahr, Sie lachen doch?"
Wahrscheinlich hatte ich doch das Lächeln nicht ganz über diese Herzbeschwernis verbeißen können.
„Ist das vielleicht eine Sünd'?"
„Nein", sagte ich, liebe Walzin, das ist keine Sünde, wenn Ihr noch eine Erquickung haben wollt. Die sollt Ihr auch gleich haben."

Ich ging hinunter auf die Straße. Dort saß eine Marktfrau mit schönen Kirschen.

„Nehmen Sie mal den ganzen Korb da, Sie fassen hüben und ich drüben am Henkel, und jetzt herauf zur alten Walzin!"

Die Frau schaute mich groß an, als sie aber sah, daß es mein voller Ernst war, faßte sie an, und wir gingen hinauf.

„Hier, Walzin, der ganze Korb gehört Euch. Nun eßt Euch satt und wohl bekomm's Euch!"

Dankbar schaute sie mich mit ihren alten Augen an und griff gleich vom Bett aus nach den Kirschen. Acht Tage später ging ich auf den Kirchhof. Wer lief da herum am großen Stock und humpelte auf mich zu? Niemand anders als — die alte Walzin!

„Hab' ich's nicht gesagt?" rief sie mir entgegen, „Herr Stadtpfarrer, wie ich die Kirschen alle gegessen gehabt hab', bin ich wieder lebendig geworden wie ein Fisch. Ja, die Kirschen und unser Herrgott — die haben's eben auf sich!"

Sie ist wieder ganz wohl geworden und lebte noch, als ich von meiner Gemeinde schied. Wunder sind Wunder — bisweilen tut der liebe Gott sie auch durch Kirschen.

An den Rand geschrieben.

Des Herrn Wort ist ein guter Stecken und Stab, kein eleganter Spazierstock.

Das Gewissen ist die große Vorrede zur Bibel.

Wer viel mit Menschen reden muß, der muß noch mehr mit Gott reden.

Beten sollen ist Gebot; beten können ist Kunst; beten dürfen ist das Recht der Kinder Gottes.

Der liebe Gott will nicht verschämte Bettler, sondern unverschämte.

Sie lobten nicht, noch schalten sie des Paulus Organ und Aktion, sondern sie sagten: „Was will dieser Lotterbube uns sagen?" Wäre unsere Predigt nicht so sehr Kunstwerk sondern vor allem Verkündigung, die Leute würden vielmehr den Inhalt als die Form angreifen.

Man tut mehr für die Wahrheit, wenn man erbaut, als wenn man für sie streitet. Für die Menschen, die im Irrtum sind, beten, ist besser, als sie widerlegen.

Wir Pfarrer studieren unsere Theologie doch meist mit Freude auf der Universität und mit Tränen im Pfarramt.

Wie vielen unserer Theologen und Pfarrer fehlt der Blick ins Ganze. Sie sind wie die Arbeiter, die immer Schrauben machen und meinen, alles getan zu haben, wenn sie Schrauben machen, aber die Konstruktion der ganzen Maschine kennen sie nicht.

Wenn man seinen Zorn laufen läßt, möchte man danach wieder gut machen und heiter sein wie zuvor. Die Sonne lächelt auch wieder nach dem Hagelwetter — aber die Flur bleibt verhagelt.

Den Tod allezeit vor Augen haben, heißt einen guten Lehrmeister haben: Wenn man im Leben immer so weich und friedvoll gegeneinander wäre, wie am Sarg, so würde es in mancher Ehe auch anders aussehen.

Jeder Mensch hat einen Kirchhof im Herzen, wo viele Wünsche und Hoffnungen darin begraben sind. Wohl ihm, wenn auf den Kreuzen steht: „Friede sei mit dir!"

Wenn es Abend werden will, wird der Weg einsamer, stiller. Aber die Lichter aus der Heimat funkeln auch näher und heller.

Ins Herz hinein, nicht bloß in den Kopf und ins Gedächtnis, muß das Wort Gottes. Das Gedächtnis ist ein Kornspeicher, wo die Samenkörner liegen, träge aufeinander gehäuft, ohne Frucht zu tragen, wenn sie den Weg herunter zum Herzen nicht finden, wo allein sie lebendig werden und Frucht bringen können. Und dieser Weg vom Kopf zum Herzen ist ja nur eine kleine Spanne lang, aber wie viele Jahre gehen oft darüber hin, bis dieser kleine Weg zurückgelegt wird, und wie viel tausend Gefahren hat das Korn zu bestehen, daß es unterwegs nicht umkomme und bis zum Herzen gelange!

Mein Johann

Ein Stücklein muß ich besonders erzählen. Einmal hatte das „hitzige Fieber" das Dorf ergriffen und unter andern auch einen meiner Konfirmanden. Es war ein großer, starker Junge, dem darum auch die Krankheit besonders zusetzte. Kurz vorher hatte ich mit den Kindern ein altes, schönes Lied neu gelernt. Denn leider Gottes habe ich die meisten Kirchenlieder erst durch meine Konfirmanden auswendig gelernt und mit ihnen in meinen alten Kopf die Lieder gebracht, die man auf Universitäten nicht lernt. Das Lied lautete:

„Wenn wir in höchsten Nöten sein,
Und wissen nicht, wo aus noch ein,
Und finden weder Hilf' noch Rat,
Ob wir gleich sorgen früh und spat —
So ist das unser Trost allein,
Daß wir zusammen insgemein
Dich rufen an, du treuer Gott,
Um Rettung aus der Angst und Not."

Das Lied stand nicht in dem damaligen verbesserten (oder vielmehr verwässerten) badischen Gesangbuch, wohl aber in dem alten württembergischen, das meine Gemeinde neben dem badischen als ein Filial- oder vielmehr Hauptgesangbuch festhielt. Die Melodie war auch nicht im Choralbuch zu finden; da es „nach eigener Melodie" ging, so konnten wir's auch nicht singen.
Mein Konfirmandenjunge glühte in seinem Himmelbett wie eine Rose, die Eltern standen weinend um ihn her; denn der Wundarzt, der wegen seiner altdeutschen Grobheit bekannt war, hatte den Eltern gesagt: „Für den könnt Ihr den Sarg bestellen, macht ihn aber nicht zu kurz; denn er streckt sich im Tode noch!"

Zu reden war nicht mit dem Kranken; er lag in dunklen Phantasien. Ich betete über ihm und befahl seine Seele dem Herrn. Des Morgens in der Frühe ging ich wieder hin; die Eltern kamen mir unter der Haustür entgegen. Ich dachte, sie würden mir die Todesnachricht bringen; aber sie sagten beide: „Herr Pfarrer, Gott sei ewig Lob und Dank; unser Johann ist gerettet – eben hat's der Doktor gesagt. Jetzt schläft er so sanft wie noch nie."
„Was ist denn mit ihm geschehen?" fragte ich. „Ja, denken Sie: mitten in der Nacht fängt der Johann an, ganz laut zu rufen: ‚Der Schulmeister soll kommen mit allen Konfirmandenbuben! Holt nur den

Schulmeister!' In unserer Angst sind wir hingesprungen und haben ihn geweckt, wiewohl wir ihn kaum wachkriegen konnten; aber er kam noch ganz verschlafen in seinen Pantoffeln.
Wir sagten: ‚Nun, Hannes, der Herr Schulmeister ist da.' Da rief er: ‚Schulmeister, herkommen! Jetzt singt das Lied mit den Schulbuben: ‚Wenn wir in höchsten Nöten sein!' Aber der Schulmeister war selbst in höchsten Nöten und konnte nur stammeln: ‚Das steht nicht in unserem Gesangbuch.' ‚Doch, der Herr Pfarrer hats gesagt. Warum singt Ihr denn nicht?' ‚Ich kann's nicht', sagte der Schulmeister. ‚Ach', sagte der Junge, ‚der will ein Schulmeister sein und kann nicht: Wenn wir in höchsten Nöten sein! Geht acht, jetzt will ich's singen!' Und mit der größten Kraftanstrengung richtete sich der Junge auf und fing an, (freilich in „eigenster Melodie") mit starker Stimme zu singen: Wenn wir in höchsten Nöten sein.
Kaum hatte er die erste Zeile gesungen und wollte zu dem: ‚Und wissen nicht, wo aus noch ein' eilen, da brach ein mächtiger Blutstrom

aus Nase und Mund. Als er aufgehört hatte, und wir ihm das Blut wegwischten von den Lippen, flüsterte er nur leise:

‚Dich rufen an, o treuer Gott,
Um Rettung aus der Angst und Not.'

‚Ach, nun ist mir leicht', sagte er; ‚gelt aber, das Lied ist schön!' Dann ist er leise eingeschlummert. Als der Arzt kam, fand er das Fieber nur noch sehr mäßig. Wir erzählten ihm, was geschehen war, und er sagte: ‚Das war seine Rettung; das kommt von seinem starken Singen her, das hat das erstickte Blut in Bewegung gebracht. Wenn ihr ihn pflegt und hütet, dann kommt er wieder auf.' Ja, unser Johannes hat sich gesund gesungen."

Da ward denn mein Lied illustriert, und seit dieser Zeit habe ich's auch singen gelernt. Ich segnete später den Jungen allein ein, denn es dauerte lange, bis er sich erholt hatte, und ließ ihm durch den mittlerweile auch besser belehrten Schulmeister und seine anderen Konfirmanden das Lied singen. Ich denke, mein Johann hat es sich für seine Lebtage rot angestrichen.

Notizen aus Tagebüchern

Die Uhr muß den Pendelstoß haben, nicht bloß aufgezogen sein. Das ist's, was wir auch im geistlichen Leben brauchen.

Das menschliche Leben und die Führung mit der relativen Freiheit des Menschen ist wie ein Schachspiel, bei dem jeder den freien Zug hat und doch bedingt ist durch den andern Spieler, der ihm seine Gedanken durchkreuzt. Das Ziel ist, den Menschen matt zu setzen, den König, die Vernunft, gefangen zu nehmen unter den Gehorsam des Glaubens. Kein Spiel gleicht dem andern, auch keine Führung der andern.

Du kannst, was Gott nicht kann: ohne ihn leben. Er nicht ohne Dich.

Gott macht es dem Menschen unendlich schwer, verloren zu gehen: Kein Schlagbaum vor dem Himmel, wohl aber viele vor der Hölle.

Die Gewitterregen nützen meist nicht viel, schlagen oftmals den Boden hart statt weich und befruchten wenig. Wohl aber der Regen, der still und sacht an die Wurzeln des Baumes dringt.

Es gibt im Jahr nicht lauter Maientage und Lenze, sondern auch November- und Januartage. Warum soll denn immer nur Frühling im geistlichen Leben sein? Braucht's nicht auch des Herbststurmes?

Man muß vom Frühling nicht verlangen, was erst der Herbst bringt; das gilt auf allen Gebieten des Lebens.

Das ist der Weg Gottes gar oft: daß er Schweres durch noch Schwereres leicht macht.

Hüte dich vor dem Schmeichler; wo die Seife ist, die dich einseift, da ist auch das Rasiermesser nicht fern, das dir den Hals abschneidet!

Das sind die schlimmsten Gesellen, die, wo andere lachen, ernste Mienen zeigen und, wo andere ernst sind, lachen.

Auch im Misthaufen steckt oft ein Körnlein, das sich eine kluge Henne herauspickt.

Es gibt ein letztes Wort im Gespräch, wenn das gesprochen, ist es Zeit, aufzustehen.

Wir tragen alle unser Leben lang die Narben und Spuren alter Schuld, bei dem einen sind's tiefe Risse wie von Pocken, beim andern nur leichte Flecken wie nach Masern, aber alles zu unserer Demütigung, und damit wir an andern gutzumachen suchen, was wir an den einen versäumt und verschuldet haben. Nur verzagen dürfen wir nicht. Das wäre das Schlimmste.

In der Not offenbart sich, was im Herzen ist: beides, sein Trotz und seine Verzagtheit. Aber im Sturm offenbart sich auch der Herr, den seine Jünger manchmal vor lauter Wellen nicht sehen.

Erst ist ja der Mensch trotzig und will sich nicht Unrecht und Gott nicht Recht geben. Danach ist er verzagt und will nicht an Gottes Gnade glauben. So fällt er von einem Chausseegraben in den andern.

Gott schickt uns in die Schule, von einer in die andere. Aber eine Schule und Klasse lehrt nicht, was die andere bietet. Sie greift den frühern Stoff wohl auf und repetiert, aber sie bringt etwas Neues. Dies Neue zu erkennen, das Spezifische dieser Klasse, bedingt den Segen. So müssen wir in jeder Prüfung und Trübsal das Punktum zu treffen suchen, um das sich's handelt.

Der Herr legt das Zugpflaster dahin, wo es zieht.

Unter der Presse kommt der Saft selbst aus trocknen Trauben.

Kein Licht kann die Sonne ersetzen, kein Menschentrost den Gottestrost.

Leiden ist Frucht: Steinobst in harter Schale.

Wer sich nicht loslösen läßt, der wird losgerissen. Und das tut weh.

Leiden ohne Glauben, ohne Blick aufwärts: Das ist Eselsgeduld, nicht Engelsgeduld.

Die Bildung tut's nicht allein, so gut und schön sie ist. Wenn das Herz nicht gebessert wird und nur der Kopf, so mag der Mensch feiner und gewichster sein als ein andrer, aber besser ist er nicht. Ein Fuchs ist schlauer als ein Wolf, gehört aber doch unter die wilden Tiere und frißt gelegentlich einen ganzen Hühnerstall aus.

Die Erde ist kein Paradies, aber auch kein Jammertal. Sie ist ein Ackerfeld, in dessen Furchen der Same des Wortes fällt und zur Frucht reifen soll.

„Lieber Gott, mach mich fromm, daß ich in den Himmel komm!" Ja, ein altes Lied, wer's nur recht beten könnte, und wem's nur recht drum wäre, fromm zu werden und in den Himmel zu kommen. Es gibt viel begabte Christen, aber so wenig fromme Leute unter ihnen. Darum ist's gut, aus der Theologie der Kinder das Notwendige zu lernen. Das andere ist doch nur Zutat und Zierat — mitunter auch Ballast, der, wenn die Wogen hochgehen, über Bord geworfen wird. Das Köstliche aber dünkt mich zu sein: reich werden an aller Erkenntnis und forschen nach Länge, Höhe und Tiefe göttlicher Ratschlüsse, und bei alledem doch beim Kindergebet bleiben: „Lieber Gott, mach mich fromm, daß ich in den Himmel komm."

Ein verlegter Sonntag

Daß Ochs und Esel am Sabbattag in den Brunnen fallen können, hat der Heiland gesagt. Das tun sie bis zum heutigen Tage noch, ja diese Ochsen und Esel können sich auch in Aufsätze oder Berichte verwandeln. Aber wenn das jedes Mal am Sabbat geschieht, dann hat jener kluge Mann recht, der meinte: Dann schlägt man entweder diesen Ochsen und Esel tot, oder man deckt den Brunnen für immer zu. Es gibt ja solche Leute, denen „immer am Sonntag" das Unglück passiert, arbeiten zu müssen. Freilich gibt es auch Fälle, da wirklich das Wort zutrift: „Des Menschen Sohn ist auch ein Herr des Sabbats", und abermal: „Der Mensch ist nicht um des Sabbats willen, sondern der Sabbat um des Menschen willen gemacht."

So ging mir's im August 1851 in meiner ersten Gemeinde. Eine Sonnenfinsternis war mitten am Tage um 1 Uhr hereingebrochen, wie ich noch keine im Leben gesehen. Dunkelblaue Schatten lagerten sich über Dorf und Feld, die Vögel flatterten ängstlich umher mitsamt den Schmetterlingen, die sich mit der Hand fangen ließen. Aus dem Feld und Wald kamen angstvoll Hasen und Rehe ganz in die Nähe des Dorfes. Es war eine wundersame Stimmung, die auch über die Menschen kam. Es wurde kalt wie an einem frischen Morgen. Die Gemeinde hatte sich in Häuflein zusammengestellt und sah dem Schauspiel zu. Meinem alten Hanjörg, dem Nachbarn, konnte ich nicht Unrecht geben, als er sagte: „Herr Pfarrer, ich meen', so nach meiner dummen Meenung, daß es ebben so bei der Sündflut g'wesen ist. So ist alles Vieh vum Feld uf de Noah zug'sprunge un er hot keen Müh' ghabt', daß se in die Arch' n'ein kumme sin. Die waren froh, daß se drin ware."

Nach ungefähr einer Stunde hörte die Finsternis auf, aber in der Nacht brachen die Schleusen des Himmels los. Große Wolkenbrüche gingen an allen Orten nieder, und haushoch schwollen die Bäche an. Der Rhein stieg immer höher und höher, von Tag zu Tag mehr,

draußen stand die prachtvolle Ernte, aber jeden Augenblick konnte der Rhein die Dämme durchbrechen.
Da nahte der Sonntag. In den ferneren Orten läuteten die Sturmglocken, die Dorfleute an die Dämme zu rufen. Nachts kam ein reitender Bote und brachte die Nachricht, daß fünf Stunden oberhalb unseres Ortes der Damm gebrochen und wohl am Nachmittag das Wasser kommen werde. Es war morgens um fünf Uhr, als die Gemeindevorsteher zu mir kamen. „Herr, Pfarrer", sagte der Älteste, „es ist Sonntag, und wir sollen nicht arbeiten. Aber es ist Notwerk. Unsere ganze Ernte ist verloren, wenn wir sie heute nicht hereinbringen. Erlauben Sie der Gemeinde, daß sie hinausgeht, es steht schon alles in Bündeln, bringen's schon herein vor dem Abend."
Es war damals noch so, daß der Sonntag unter der Kirchenzucht stand, und alle Tanzvergnügen vom Pfarrer und Gemeindekirchenrat erst erlaubt werden mußten, dazu war die Gemeinde aus altwürttembergischen Zeiten her eine gut kirchliche, und keiner hätte sich unterstanden, am Sonntag auf dem Feld zu arbeiten.
Ich überlegte kurz und sagte: „Gewiß, lieber Freund, es ist ein Notwerk und Ihr könnt Euch des Wortes des Heilandes getrösten, daß dies Mal Eure Ernte der Ochs und Esel ist, der in's Wasser fallen will. Ich mache Euch darum den Vorschlag: wir wollen jetzt läuten, ein Gebet halten, und dann geht's hinaus, alles was Füße und Hände hat. Und am nächsten Mittwoch wird Sonntag gehalten, wenn alles unter Dach und Fach und in Ruhe ist. Ist's Euch recht so?"
Sie reichten mir schweigend die Hand, manchem standen die Tränen im Auge, seit Mannsgedenken war ihnen solch ein Nottag nicht gekommen. Alles Volk zog hinaus.

Nachmittags um vier Uhr kam in großen Wogen der Rhein und überflutete in rasender Schnelligkeit die ganze Gemarkung. Ein einziger Erntewagen wurde noch überrascht, man konnte nur die Pferde ausspannen und retten.
Sechs Wochen lang stand das Wasser, ehe es ablaufen konnte, und die Wagendeichsel des Erntewagens ragte einsam über die grausige Fläche. Außer dem Getreide war alles verloren, weinend standen die Leute am Grab ihrer Habe, aber das liebe Brot war doch gerettet.
Am Mittwoch läutete es, und im Sonntagsstaat kam die Gemeinde. Die Predigt wurde von selbst zur Buß- und Dankpredigt, den Text hatte unser Herr selbst gesandt: das war das Wasser, das auf den Feldern stand. Aber den sorgenvollen Herzen konnte ich den Vers eintreiben:

Gottes Weg ist in den Flüssen
Und in großen Wassergüssen,
Und du spürst nicht seinen Fuß.

Also in dem Meer der Sorgen
Hält Gott seinen Pfad verborgen,
Daß man nach ihm suchen muß!

Viele Jahre sind vergangen, aber einer meiner Bauern sagte mir, als ich ihn zufällig traf: „Ich hab' vieles vergessen in meinem Leben — aber das Eine nicht: wie einmal am Mittwoch Sonntag gewesen ist."

Predigtgedanken

„Suchen und retten, was verloren ist", hat der Heiland selbst als den Zweck seines Kommens bezeichnet. Der hat ihn getrieben vom Himmel auf die Erde; und auf der Erde nicht in die Pracht und Herrlichkeit, sondern in die Not und Armut, nicht in's Herrschen, sondern in's Dienen. Der Mensch stößt den Himmel von sich, um Herr auf Erden zu sein; Christ verläßt den Himmel, um unseretwillen ein Knecht auf Erden zu sein. Er läßt — wenn man denn doch deuten will — die 99 Engel im Himmel und eilt dem verlorenen Schaf, der kleinen Erde, nach; aber er läßt auch die „verhältnismäßig", oder besser gesagt: die vermeintlich Gesunden auf Erden und geht suchend dem Verlorenen nach. Drum traut sich zu ihm auch alles vielgestaltige Leid. Sein Suchen geht vom frühen Morgen bis in die Nacht; ob er am Mittag die Samariterin oder in der Nacht den Nikodemus sucht zum Reden unter vier Augen, oder zum Volk in Seligpreisung oder Drohung spricht: überall ist es eine originale, erfinderische Liebe, die dem Menschen am rechten Fleck, zur rechten Zeit nahe- und beizukommen sucht. Er scheut weder die Pharisäer noch die Zöllner, er arbeitet in seinem Rettungswerk am Sabbat wie am Werktag, und „des Menschen Verlegenheit wird ihm zur Gelegenheit." Es ist ein fortwährend Suchen, bis zum Kreuze, bis zum Scherbenberge Golgatha, wo er im Kehricht Jerusalems den Schächer, diesen verlorenen Groschen, mit der Leuchte seines Wortes, seiner Liebe herauskehrt, um mit ihm heimzueilen, — seine erste Kreuzesbeute! Es braucht der Herr die Leuchte, er braucht auch den Besen: Liebe und heiligen Ernst; aber lassen kann er nicht, was sein ist.

II.

Wie ist aus der wachenden Kirche eine große Schlafkammer geworden! Wer wartet noch auf den Herrn? Wie sind die Lichter heruntergebrannt, und wie flackert nur da und dort ein kleines Lichtstümpfchen! Redet man vom wiederkommenden Christus, dann geht ent-

weder ein Schreck durch die Gemeinde, oder sie denkt: „Mein Herr kommt noch lange nicht, es hat gute Wege." Darum ist denn auch so wenig Freude, darum ist alles so hoffnungslos in unsern Tagen. Aber Knechte, die auf ihren Herrn warten, wissen, daß, je höher die Mitternacht steigt, je mitternächtiger das Geschlecht wird, je größer der Abfall vom Evangelium, desto näher auch der Herr ist. Wehe den Knechten, die der Herr schlafend findet!

III.

„Ein Hirt und eine Herde" — wie wehmütig klingt dies Wort in unsere zerrissene Zeit, voll Kampf und Haß, und bei so großer, tiefgehender Zerklüftung selbst unter den lebendigen Gliedern der Kirche! Und doch ist Jesu Wort von einer Herde und einem Hirten kein schöner Traum, kein frommer Wunsch, aber auch kein menschlich Machwerk. Menschen können's nicht machen, und was sie davon eigenmächtig aufbauen, zerrinnt ihnen unter den Händen und scheitert an der Menschen Trotz, Rechthaberei und Sünde. Aber es ist eine göttliche Verheißung, die der Herr zu seiner Zeit erfüllen wird. Es gilt nur, daß wir uns zum guten Hirten allein halten. Je näher wir bei ihm sind und keine andern Nebenabsichten haben, desto näher werden wir auch untereinander sein. Die kleinen Kreise, die man heutzutage zieht, worin man sich abschließt gegen andere und meint, man habe nun ganz besondere Schäflein Christi im Stalle, die machen's nicht. Nicht der enge Kreis, sondern die Nähe beim Zentrum entscheidet. Je näher dem Hirten, desto näher auch untereinander. Das andere wird der Herr tun.

IV.

Wie oft will sich das Herz damit trösten, daß man „ja sonst auch was Gutes täte", und daß das auf unserer Rechnung dann mancherlei Böses ausgleiche! Wie viele wollen durch solche wohlfeilen Guttaten ihr Gewissen beschwichtigen! Dabei kann man denn auch die kleinste Gerechtigkeit auf's strengste erfüllen, wie Dill und Minze verzehnten, und die Leute glauben machen, daß, wer so auf das Kleine aus sei, auch im Großen treu sein müsse. Dabei kann man aber vor Gottes Gericht, vor seiner heiligen Steuer vorübergehen und die größte Steuer unterschlagen, die man Gott und dem Nächsten in der Liebe schuldig ist.

V.

Für die, die in die Nachfolge getreten, von seinem Lebenslicht durchleuchtet und seiner Lebenskraft durchtränkt sind, hat er noch ein besonderes, kurzes und ernstes Wort: Er nennt sie ein Salz, und preist des Salzes Güte und Brauchbarkeit. Hinein in eine der Fäulnis verfallende Welt sollen sie gemengt werden, um die reinigende, zum Leben erhaltende Macht des Evangeliums in der Tat zu beweisen. Keiner, den die Gnade des Herrn berufen hat, kann sich abschließen von den anderen; er muß auf sie wirken. Er hat empfangen, um wieder zu geben, und darf nichts für sich behalten wollen. Aber ebenso sicher ist, daß man nur die Salzkraft behält, wenn man sie in Treue und Selbstverleugnung zu bewahren weiß. Wer in halben Weltsinn versinkt, bei dem verfliegt die Kraft des Salzes, und es wird schal und zu nichts brauchbar. Wie man aus einer verdorrten Rebe, die nicht am Weinstock geblieben und nicht mehr von seinem Saft durchtränkt ist, nichts mehr machen kann, als sie verbrennen, so kann man auch aus einem salzlos gewordenen Jünger Christi nichts mehr machen. Was soll er noch werden, oder womit kann man das Salz noch salzen, wenn es selbst schal geworden? Ein Christ, der das Höchste empfangen und es verschleudert hat, kann nichts mehr empfangen. Ein Weltmensch kann immer noch ein Christ werden; aber ein Christ, der seine hohe Aufgabe vergessen hat, kann nicht etwa noch „Mittelmäßiges" leisten, sondern gar nichts mehr, sowie das schale Salz nicht einmal mehr für den Dünger noch etwas nützt. Wie not ist es darum, durchzuhalten, nicht bloß, um ein Christ zu werden, sondern auch um einer zu bleiben.

Vom Dorfpfarrhaus zum Kaiserschloß

Gutemorge Büble, kannst dein' Sach?

„Wer selber, so wie ich, am Landgraben auferzogen ist" — der hat gewiß badische Art im allgemeinen und Karlsruherisches im besonderen zur Genüge mit auf den Weg bekommen. Das traf, wie sich später mehr und mehr herausstellen sollte, bei Emil Frommel zu. Im Januar 1828, als das Leben in der großherzoglichen Residenz noch einer landesherrlich verfügten, kleinstädtischen Nachmittagsvorstellung glich, wurde er hier geboren. Er war ein Künstlerkind, der Vater hatte sich als Kupfer- und Stahlstecher einen Namen gemacht: „Einen fleißigeren Mann wie ihn gab's nicht. Ich habe ihn kaum je verstimmt oder heftig gesehen. Wenn er im Zimmer war, lagerte sich die Ruhe seines heiteren Gemüts über den ganzen Raum her."

Die Mutter, des Vaters zweite Frau, entstammte einer alteingesessenen elsässischen Familie, sie war Straßburgerin durch und durch: „Nie hat sie das Vergnügen der Pflicht vorangesetzt, wenn es ihr auch noch so sauer ward. Dem Vater nahm sie alles Schwere weg und trug die Last des Hauses allein, damit er seiner Kunst leben konnte. Sie hielt über uns das festere Regiment, auf zwei Dinge unerbittlich haltend: Unbedingten Gehorsam und unbedingte Wahrheit. Widersprechen gab's bei ihr nicht. Ihre feurige, fast französische Natur hatte etwas Republikanisches. Sie kannte nur eine Autorität: Das Gesetz, unter das sie sich selbst beugte. Das schnelle, leicht Erregbare ihres französischen Charakters glich sie aber durch die letzte Instanz einer unwandelbaren Treue aus."

Die Familie – „so ein halb Dutzend Buben und Mädchen in einem Haus, das gibt Kopfzerbrechen für den Vater und arg viel Strümpfestopfen für die Mutter" – wurde durch die Großeltern komplettiert. Ehrwürdig und mild erscheint die Gestalt von Vaters Vater: „Sein Zimmer lag zum Garten hinaus, freundlich und heiter wie er selbst. Er war von Ehrfurcht einflößender Gestalt. Ich sah ihn nie anders als im langen Rock und mit weißer, hoher Halsbinde und stehender Weste, die lange Pfeife rauchend. Er trank dazu langsam den Tag über selbstbereiteten Kaffee und sein Angesicht war wie eine schöne Abendlandschaft. Großvater war des Vaters bester Freund. Wenn ich die beiden sah, war's mein innigster Wunsch, ich möchte doch meines Vaters Freund auch so werden. Und es ist gottlob so geworden."

Die Großmutter, die „Geheimrätin", war eine stille, gute Frau, die zwischen alten Schränken und großgeblumten Tapeten ein zurückgezogenes Leben führte und ihrer ausgezeichneten Leberknöpfle halber von der Kinderschar geliebt wurde.

In der Nachbarschaft wohnte ein Flügeladjutant des Großherzogs, ein Forstmeister, ein pensionierter Kanzleirat, und den ABC-Schützen begleitete denn auch am Morgen aus geöffneten Fenstern als Dank für ehrerbietigen Gruß die Frage: „Na, Büble, kannst dein' Sach?", was bei dem kleinen Emil stets aufs neue neidische Gefühle auslöste: „Ach, wenn du's so gut hättest wie der Herr Kanzleirat, der sein Sach' schon längst kann und nichts mehr zu lernen braucht!"

Der Vater zwar zwischenzeitlich zum Direktor der großherzoglichen Kunstgalerie ernannt worden. Die Wohnung, nahe bei der Altstadt, wurde mit einem sonnig gelegenen Haus in unmittelbarer Nähe des

Schlosses vertauscht, das ringsum von Parkanlagen umgeben war: „Raum genug, um uns auszutoben.“ Des Vaters Stellung brachte es mit sich, daß viele Freunde und Bekannte hier aus- und eingingen, unter ihnen treffliche und bedeutende Männer, Dichter, Maler, Architekten, Musiker und Gelehrte. Doch für die Kinder „waren's nur Sternlein und Trabanten. Das Beste blieben eben doch Vater und Mutter, um die sich alles bewegte.“ Besonderen Eindruck hinterließen aber die jeweiligen Reisen zur Großmutter nach Straßburg: „Wer, wie wir, aus der gradlinigen Fächerresidenz kam, dazu noch etwas Poesie im Leibe hatte, für den war das alte Straßburg mit seinem Münster, seinen engen Gassen und Gäßlein, den hohen Türmen und Giebeln und Erkern der Inbegriff alles Schönen.“ Die Großmutter muß übrigens eine couragierte Dame gewesen sein: Sie hatte als junge Frau in Paris die Schreckenstage der Revolution miterlebt und ihrem Mann das Leben gerettet, als er auf's Blutgerüst steigen sollte.

Die Schule hatte es dem Heranwachsenden nicht sonderlich angetan: „Das kleine Herz brockelte, wenn's daran dachte, daß man wieder heraus müsse aus dem trauten Heim.“ Die neue und durchaus ernstzunehmende Autorität gewann in einem Herrn Direktor Gestalt — „ein altes, zusammengegangenes Männlein in schwarzen Seidenstrümpfen und Schnallenschuhen, langem Rock und Kirchenrat obendrein“. Der ermahnte den frischgebackenen Lyzealschüler, nur recht fleißig zu sein, dann könne vielleicht eines Tages ein brauchbarer und gesitteter Mensch aus ihm werden. Der Weg dahin scheint nicht ohne Hindernisse gewesen zu sein — jedenfalls wurde dem Bürschlein trotz silberner Preismünzen auf das Ausgiebigste das Fell gegerbt, weil es mit dem Latein gar nicht klappen wollte: „Das Schlimmste war der Schematismus — Anfang von all dem späteren Schematismus, der mir anhing und aufstößt. Je höher ich hinauf geriet, um so gräulicher wurde er.“ Ja, man riet dem Vater gar, er solle seinen Emil, diesen immer weniger versprechenden Gymnasiasten, doch wohl besser ein rechtes Handwerk erlernen lassen. Die Mutter versuchte es derweilen auf ihre Art, Ordnung zu schaffen. „Der Stock stand hinter der Tür bereit, die Schläge fielen tüchtig herunter.“ Indes: „Der Vater, musischer in

solchen Dingen, nahm mich zum Trost mit in die Oper. Ich weiß noch, daß mich so viel Güte im Innersten rührte. Ich sah mit verweinten Augen den Oberon und freute mich, daß Hüon dem Kalifen von Bagdad den Bart raufte und die Zähne ausschlug."
Die Gymnasialjahre wurden trotz all dieser Pannen durchgestanden: „In dieser Zeit gab's so manches, was man mit einem Wort recht schwer sagen kann. Da ist einem überall die Haut zu kurz, und die Kleider werden zu eng. Überall will's hinaus. Aber wohin? Mitleidig sieht man auf den kleineren Bruder herunter, der Zuckerbäcker oder gar Kutscher werden will. Ach, wie blutsauer kann einen das quälen!"

Noch ein anderes Geschehen bewegte den Angefochtenen: Der ehedem so freien, klassischen und liberalen Ideen verhaftete Geist im Elternhaus erfuhr eine grundlegende Wandlung. Die Mutter hatte Anschluß an pietistische Gemeinschaftskreise gefunden und binnen kurzem wurden sogar die Werke von Schiller und Goethe, Jean Paul und Herder aus dem Bücherschrank verbannt. „Selbst des Vaters geliebte Kunst galt mit einem Mal als weltlich. Mir war plötzlich zumute, als wenn ich immerfort auf einem Kirchhof wandelte. Ich wurde an meinen liebsten Menschen irre." Ja, die Frau Mama wollte ihrem Emil im Blick auf den Konfirmandenunterricht die ihrer Meinung nach nicht genügend erweckten Karlsruher Stadtpfarrer ersparen und steckte den Sohn kurzerhand zur weiteren Ausbildung in ein Straßburger Internat: „Die Fremde wuchs. Ich glänzte in der Schule nicht. Was mich fesselte, waren Kunst, Musik und Theater. Die Kirche machte mir kaum einen Eindruck. Die Menschen gingen ebenso schlecht und selbstgerecht hinaus, als sie hereinkamen. Die Gegensätze im Elternhaus verschärften sich immer mehr. Der jüngere Bruder folgte der Mutter auf ihren Sonderwegen. In mir kochte der Widerspruch."
Äußere Einflüsse, vorab das vormärzliche politische Gären während jener Jahre im deutschen Südwesten, forderten den Oppositionsgeist des Primaners obendrein heraus: „Meine Welt glich immer mehr einem Dampfkessel, der zu zerspringen drohte." Das Abitur brachte endlich den lang ersehnten Tag der Freiheit: „Ich hatte mich durch die zwölf Jahre redlich hindurchgeseufzt." Ursprünglich hatte der Abiturient vorgehabt, Pfarrer zu werden, doch „die geistlichen Eindrücke hatten's mir gründlich versalzen". Die Mutter beschwor ihn aber, wenn er nicht „völlig des Teufels" werden wollte, das Theo-

logiestudium zu beginnen. Um gehorsam zu sein, aber wirklich nur deshalb, schloß Emil mit den Eltern ein Abkommen: Er werde das für drei Jahre tun. Wenn er dann aber aus Überzeugung nicht weiterkönne, so müsse man ihm erlauben, Mediziner zu werden. Mit diesem Kompromiß zufrieden, zog er von daheim fort.

Der Studiosus immatrikulierte sich in Halle: „Ich glaubte mich in die Wüste Sahara versetzt. Von Bergen keine Spur, der Wald schien längst pensioniert zu sein, und von der Philosophie verstand ich überhaupt nichts. Aber die Mutter meinte ja, ich müsse Tholuck hören, diesen Drachentöter des Rationalismus." Der erste Zusammenstoß ließ folglich nicht lange auf sich warten. So fragte der Professor: „Mein teurer Frommel, wie verhalten Sie sich zum Persischen?". Der teure Frommel meinte: „Ganz indifferent, Herr Geheimrat." Der Himmel schien voller Wolken: „Die Kost von Halle bekam mir schlecht. Ich wollte fort. Aber von daheim aus ließen sie nicht locker. Ob ich noch immer rauche und trinke, Karten spiele oder mich gar duelliere, wollte die Mutter wissen." Er schrieb zurück: „Ich muß erst einmal alles gesehen haben, bevor ich urteile. Etwas nicht tun, deswegen, weil man es nicht kann, das ist wie eine Fabel: Es ist schlechtes Wasser, sagte der Reiher, weil er nicht schwimmen konnte. Man muß mir Zeit lassen."

Das nächste Semester sah Frommel in Erlangen. Er wurde bei den Markomannen aktiv. Das Jahr 1848 schien so viele Sehnsüchte zu erfüllen! Er blieb auch in den Ferien im Fränkischen: „Ich arbeitete von früh bis Abend. Zum ersten Mal konnte ich mich auf mich selbst besinnen. Und das tat so not!"

Als Kandidat der Theologie, der inzwischen den Wunsch nach einem Zweitstudium längst vergessen hatte, kehrte Frommel nach Karlsruhe heim. Da es damals in der Residenz des Großherzogs von Baden drunter und drüber ging, wich er den Revolutionsunruhen aus und quartierte sich für einige Zeit im Elsaß ein; dort, beim Onkel, dem Pfarrer von Weitersweiler, hielt er seine erste Predigt. Sie geriet zur Humoreske: Zufällig war eine kleine Tür zur Empore offengeblieben, von dort, dem Prediger im Rücken, marschierte, die günstige Gelegenheit nutzend, eine Herde Gänse in die Kirche. Unter der Kanzel hielt sie respektvoll vor Gottes Wort einen Augenblick an, um dann den Marsch wieder aufzunehmen. Die Bauernmädchen kicherten. Der Prediger, der nichts sah, wurde unruhig. Hatte er etwas Dummes gesagt? Die Gedanken verwirrten sich. Er blickte zum Pfarrstuhl hin-

ab: Da saß die Tante und drückte das Taschentuch vor den Mund, um nicht hinauszuplatzen mit dem Lachen. Dem Kanzelredner wurde dunkel vor den Augen. Er sagte flugs Amen. Und in der Sakristei angekommen, erklärte er dem Onkel: „Ich sattle sofort um. Das war meine erste und letzte Predigt."
Das aufklärende Wort und gute Zureden des Weitersweiler Pfarrherrn halfen dann aber doch weiter: „So habe ich also meine amtliche Tätigkeit begonnen."

Christbäume? Das ist ja katholisch!

Nach der theologischen Vorprüfung gings ins Heidelberger Predigerseminar. Im August 1850 war auch dieses Lehrjahr überstanden. Im Zeugnis stand: „Das Predigerseminar entläßt Herrn Frommel als einen seiner begabtesten Zöglinge." Viereinhalb Monate blieben noch bis zum Abschlußexamen vor dem Karlsruher Oberkirchenrat. Der Kandidat verlebte sie im Sommerhaus der Eltern in Baden-Baden. „Es gibt keinen besseren Ort zum Studieren", so meinte er. „Ich lief viel in den Wald hinter Lichtenthal: Da gingen Hauptwege, Nebenwege und Holzwege. Die orthodoxe Kirchenlehre wurde mein Hauptweg, die Abweichungen, die Nebenwege, der Holzweg, blieben den Ketzereien vorbehalten."
Am vierten Advent 1850 wurde der junge Vikar durch den Karlsruher Prälaten Hüffel ordiniert: „Es war eine kleine Gemeinde all derer, die mich kannten. Sogar der Metzger, der Bäcker, der Schuster, der Schneider und der Postbote waren da. Mir bebte das Herz vor Furcht und Zittern, mir war's, als legte sich eine große Last um meine Schultern. Und doch klang alle Adventsfreude hindurch, durch Pauli

Wort Philipper 4, 4, mir sagend, welch ein Herz ich zum Weihegeschenk empfangen und tragen sollte: ein freudevolles, ein liebevolles, ein friedevolles. Ich habe dieses Predigerherz durchgetragen vom Dorfkirchlein bis zur Schloßkapelle in Berlin. Und wenn der vierte Advent kam, predigte ich alle Jahre über diesen Text."

Bereits wenige Tage später kam Order vom Großherzoglichen Konsistorium: „Sie haben sich nach Altlußheim, Dekanat Schwetzingen, als Verweser des Pfarrers zu begeben." Freilich: „Erst galt's einmal, zu wissen, wo denn dieses Altlußheim liege. Ich hatte noch nie gehört, daß es einen solchen Ort in der Welt gäbe. Aber von amtswegen lernt man ja bisweilen Geographie. Schwetzingen war mir wohl bekannt, das badische Klein-Versailles mit korrigierten Bäumen und springenden Wassern. Der Onkel des Vaters hatte dort als Landbaumeister gewohnt. Aber Altlußheim? Ich fand's und schrieb an den Pfarrherrn, daß ich als sein Gehilfe (die Bauern sagen Knecht) mich anmelden wolle. Man antwortete mir, ich solle ruhig erst nach Neujahr kommen."

Die ersten Erfahrungen im Vikariat waren nicht gerade begeisternd. Der Ortspfarrer lebte mit seiner Gemeinde in heftiger Fehde. Frommel wunderte sich, daß der zuständige Dekan nicht schon längst für Ordnung gesorgt hatte. Doch ein Ältester meinte: „Wissen Se, Herr Vikar, es hackt kein Krabb em annere die Auge 'raus." So stand es also.

„Ich sollte nun mit einem Mal Geduld, Sanftmut, Schonung und Demut praktizieren — kurzum alles, was man auf der Universität nicht gelernt hatte und worüber man auch kein Kolleg belegen konnte. Ich war gewohnt, in drei Zimmern meines elterlichen Hauses zu leben, ganz für mich. Nun erhielt ich eine Kammer: Ein Fenster, ein Stuhl, ein hartes Bett, ein wackeliger Tisch — und damit fertig. Es hat meiner ‚largesse de la vie' nicht geschadet."

Zunächst galt es indes, die widerborstige Gemeinde wenigstens wieder zum Kirchgang zu bewegen. Am ersten Sonntag waren, trotz der Neugier auf den eben erst angekommenen Vikar, nur wenige Gottesdienstbesucher da: „Als ich von der Kanzel stieg, meinte der Pfarrer: ‚Na, Gott sei Dank, brauche ich Ihnen wenigstens nicht zu helfen'."

Frommel fand sich dennoch mit dem querköpfigen Alten ab: „Er war immerhin ein sehr gebildeter Mann, der sein Leben mit viel Studieren zugebracht hatte, die Geschichte des Dorfes und seiner Heimat wie kein anderer kannte und über jede Familie bis in die entlegenste Vergangenheit Bescheid wußte. Er hatte es sogar fertiggebracht, einen über hundertjährigen Prozeß der Gemeinde gegen den Staat erfolgreich zu beenden."

Durch die Herzen der Kinder, die sich der Vikar im Sturm zu erobern verstand, kam er an die Eltern heran. Er war nach wenigen Monaten unbestrittener „Mittelpunkt" der Gemeinde. Köstliche Erlebnisse machen gerade die Erinnerungen Frommels an seine Altlußheimer Jahre zu einer unvergleichlich anschaulichen Lektüre.

So vertrat er eines Tages den erkrankten Schullehrer. Man sprach in der Klasse über den Barmherzigen Samariter. Auf die Frage „Könntet Ihr auch Samariter sein?" meinte ein kleiner Lußheimer: „Nein, Herr Vikar." Um Antwort gebeten, warum er diese Möglichkeit so bestimmt von sich weise, folgerte das Bürschlein: „Mir hawwen jo kein Esel deheim ..." Der junge Theologe suchte die Bauern und Fischer, so oft es eben ging, bei der Arbeit auf. Er setzte sich auch am Abend gerne zum Plaudern in die Spinnstuben: „Man muß halt aus sich heraus gehen, wenn man auf den andern eingehen will."

Mit allerlei täglichen Erfahrungen reicherte er die sonntägliche Predigt an. Es dauerte gar nicht lange, da waren die Kirchenbänke wieder gut besetzt und hin und wieder standen frühmorgens am Vikarsfenster sogar Blumensträuße!

In Altlußheim begann Frommel mit der Schriftstellerei. Er tat's dem verehrten Vorbild Johann Peter Hebel nach. Mit der Jugend unternahm er weite Spaziergänge in die nahen Rheinwälder. Er gründete einen Gesangverein und obwohl der Pfarrer heftig Krach schlug, setzte der Vikar die bis dahin im Ort nicht bekannte Christfeier am Heiligen Abend durch. Der Alte zeterte: „So was Neumodisches! Kerzen sollen sie mitbringen? Die stecken mir mit ihrem Gezinsel nur die Kirche an! Und Christbäume wollen Sie aufstellen? Wo haben Sie denn das her? Da muß ich zuerst den Dekan fragen. Das ist ja katholisch!"

Der Gescholtene blieb bei seinem Plan: „Es war eine wundersame stille Nacht. Von Speyer herüber klangen die Domglocken. Vom Rhein her blies der Wind. Der Pfarrer fragte: ‚Na, was ist jetzt mit Ihrer Christmette, Herr Vikar? Ich bin schon Pfarrer gewesen, bevor Sie auf der Welt waren, und es ist allemal ohne diesen neumodischen Kram gegangen. Ich bin gespannt, wann Sie einmal ein ordentlicher Pfarrer werden. Machen Sie, was Sie wollen‘!“

Die Kirche war bis auf den letzten Platz gefüllt: „Die Filialisten kamen trotz des Schnees stundenweit gelaufen. Um den Altar mit den Christbäumen scharte sich die ganze Jugend. Jedes Kind hatte sein Wachsstümplein mitgebracht.“ Und als der volle Chor Weihnachtslieder anstimmte, trauten die Altlußheimer Bauern ihren Augen und Ohren nicht: „Ich las die Verheißungen des Alten Bundes. Bei jeder Verheißung wurden mehr Kerzen am Christbaum hell. Und als ich das Evangelium verlesen hatte, fielen alle Kinder ein: ‚Ich steh’ an Deiner Krippe hier ...‘. Den Leuten standen die Tränen in den Augen. Übrigens dem Pfarrer auch.“

Mehr als 30 Jahre später schrieb eine Frau dem Hofprediger Frommel einen Brief nach Berlin: „Ich habe leider vieles vergessen von damals, als Sie bei uns waren. Aber eines vergeß ich nie: Das war selbige Weihnacht.“
Nach zwei Jahren Vikarzeit hieß es dann scheiden. Der Abschied wurde allen schwer. „Den Altlußheimern und ihrem Knecht.“ Er hat hernach ein Leben lang immer wieder bekannt, daß diese beiden Jahre im rheinnahen Dorf die reichsten seines ganzen seelsorgerlichen Dienstes gewesen seien: „Noch einmal hörte ich die Glocken des Speyerer Domes, den ich gerade von meinem Fenster aus sehen konnte. Mir war's wunderbar und doch recht tränenhaft zumute. Es wäre ja noch so viel zu tun gewesen!“
Am Tag vor dem Fortgehen begegnete Frommel einem alten Ackersmann, der mit dem Pflug vom Feld heimwärts fuhr. Der meinte: „Wissen Se, Herr Vikar, das Wort zum Sonntag vor 14 Tagen, das ist mir im Herz gebliebe, Sie hawwen gsagt, Sie hätten bei uns noch nix g'fange und wären doch schon zwei Johr hier. Do hab ich mir denke müsse: Mei Kathel hat mir neulich gsagt, ich soll ihr Misple mitbringe, wann ich im Rheinstück zum Zackere wär. Ich hab keine g'funde. Nur Dorne und Hecke. Ich war's schon lang leid und hab gedacht: Ach, laß doch Misple Misple sei'. Ich geh heim. Ich hab mich dann aber so in de Dorne verlaufe, daß ich mich überall blutig gerisse hab. Und wie ich gerad so richtig zu schelten anfange wollt, steh ich vor einem ganze Baum voll Misple. Wissen Se was, Herr Vikar? Scheuen Sie die Dorne und das Blut nit! Und nix für ungut.“
Das war das rechte Wort auf den Weg. Des alten Bauern Rat wurde nie vergessen.
Bevor er ins zweite Vikariat ging, wanderte Frommel mit seinem Bruder Max nach Italien. Die beiden waren vom August 1852 bis ins Frühjahr des kommenden Jahres unterwegs. Über München zogen sie nach Landeck, Bozen, Meran, Venedig, Bologna, Florenz und kamen schließlich nach Rom: „Jetzt erst verstehe ich diese Stadt. Nicht Du bist's, der Rom durchzieht, es ist Rom, das Dich durchzieht.“ Die Reise in den Süden, die der Vater den Söhnen finanzierte, übte bleibende Wirkung auf den so schönheitsbegeisterten badischen Theologen aus.

Der Heiland hatte immer Sprechstunde

Unmittelbar nach der Rückkehr aus Italien ging's zu Aloys Henhöfer nach Spöck. Dieser Pfarrer, ehedem katholischer Priester und durch die Schriften von Sailer und Boos zum Protestantismus gekommen, war das Gegenstück zum Altlußheimer theologischen Lehrherrn. Henhöfer, der Vater der Erweckung im Badnerland, und sein jugendlicher Adlatus verstanden sich von der ersten Stunde an ausgezeichnet. Der Vikarsvater leistete dem ihm Anvertrauten wohl den wichtigsten Dienst dadurch, daß er Frommel auf besondere Weise beibrachte, wirklich „er selbst zu sein". Der erfahrene Seelsorge-Praktiker hatte da seine eigenen Methoden: „Ich hatte die Frühpredigt. Da fragte der Pfarrer um den Donnerstag herum: ‚Was wollen Sie über das Evangelium von den Sperlingen eigentlich predigen?' Ich nannte ihm Thema und Teile. Er lächelte: ‚Herr Vikar, das ist nichts Rechtes! Gehen Sie einmal hinauf in Ihr Zimmer und gucken Sie zwei Stunden zum Fenster hinaus!' Ich machte große Augen und dachte, meine Disposition sei doch gar nicht so übel gewesen. Mein Zimmer ging auf den Hof hinaus. In einem mächtigen Nußbaum logierten Hunderte und Hunderte Spatzen. Denen sah ich zu. Und da dämmerte mir etwas. Was war das für ein unverschämtes, freches und ruppiges Gesindel,

balgend und zankend, zum Singen nicht fähig, die Nester liederlich hingebaut, rechte Vagabunden und Nichtsnutze! Und euer himmlischer Vater nährt sie doch! Ich wußte, was ich zu predigen hatte. Als ich herunter kam, fragte der Pfarrer: ‚Na, Herr Vikar, sind Sie jetzt gescheiter? Merken Sie sich, was der Herr Jesus seinen Jüngern sagte: Sehet sie an — nicht philosophiert darüber!'“
Aus Henhöfers nahezu unerschöpflichem Fundus stammen wohl viele jener treffenden Gleichnisse, die Frommels Predigten späterhin so blutvoll lebendig und daher wahrhaftig machten. Er hat in Spöck das Wesentliche gelernt: „Bei diesem Prachtexemplar von Pfarrer begriff ich, daß es nicht genügt, den Leuten die Suppen zu kochen. Man muß ihnen auch den Löffel dazu in die Hand stecken können.“

Die Sehnsucht nach einer eigenen Gemeinde trieb ihn dann fort. Es war vielleicht auch besser so. Die pietistische Einseitigkeit des praktischen Mystikers, der mit einer großen Schirmmütze, steifem Vatermörder, langem Stock und weitem Mantel durchs Dorf schritt, und dabei stets einen kleinen Hund in der Paletottasche mittrug, hatte für den Helfer auch ihre Tücken. Frommel spürte, daß er auf eigene Füße kommen müsse.
Die Altlußheimer schienen darauf gewartet zu haben. Da ihr alter, verquerer Pfarrer gerade in Pension ging, zog nun Frommel dort auf. Zuvor heiratete er Amalie Baehr und kam also mit einer jungen Pfarrfrau in die ihm vertraute Umgebung zurück. Beim Antrittsgottesdienst war in der Kirche kein Platz mehr frei. Die Hörer standen bis auf die Straße hinaus: „Man hatte mir einen großen Strauß Pfingstrosen auf die Kanzelbrüstung gelegt. Was sollte ich da noch sagen? Es war ein Jauchzen!“ Er ging froh an die Arbeit — nur sollte sie dort nicht lange währen. Bereits im übernächsten Jahr berief der Oberkirchenrat den jungen Pfarrer, auf den man längst aufmerksam geworden war, nach Karlsruhe. Er wurde Seelsorger im „Dörfle“, in der Heimat.

Vielleicht vermögen nur wenige zusätzliche Worte so klar nachzuweisen, was aus dem „Büble“, das am Landgraben aufgewachsen war, inzwischen geworden, wie jene nachfolgenden, freilich nur im Auszug wiedergegebenen Betrachtungen, die er sich und einem jungen, befreundeten Amtsbruder als „Vademecum für Herz und Amt“ aufschrieb: „Nimm Dir, ja ich möchte sagen, stiehl Dir die Stunden der Stille und Einsamkeit. Ohne Stille keine Sammlung für den Kampf, ohne Vertiefung geht es bei aller Verbreitung in die Versandung. Die Ursache des Bankrotts so vieler Pfarrer ist die, daß sie mehr ausgeben als einnehmen. Nimm die Morgenstunden für Dich! Morgenstille ist immer Stille der Bereitschaft, der Erwartung, die Stunde, da man die Rüstung anlegt.

Die Abendstille ist die Stille der Abrechnung, der Einkehr, der Ermüdung. Drum nochmal: Laß Dir den Morgen nicht rauben. Der ganze Tag holt diese stille Stunde des Gebets nicht mehr herein. Sage Dir alle Morgen, womit Du am meisten zu kämpfen hast, was Deine eigentliche Sünde ist. Gedenke immer daran, daß Du zuerst ein ganz schlichter Christ bist, ein Kind Gottes. Was Du als Christ nicht bist, kannst Du auch als Pfarrer nicht sein. Der Talar deckt keine einzige Blöße des inneren Menschen zu. Den Herrn täuscht dieses Kleid am allerwenigsten.

Bleibe immer in der Armut im Geist. Du verdankst alles nur Gottes Erbarmen. Wenn Du das vergißt, wird aus dir ein Pfaffe, der sich über andere erhebt. Denke an Paulus! Er hat sein Lebtag daran gedacht, daß er einst die Gemeinde verfolgte! Und wie ist der Petrusbrief mit Tränen aus der Gründonnerstagnacht her betaut!

Wenn mancher Pfarrer bedächte, was er in seiner Jugend gewesen und was er weiter hätte werden können, wozu ihn aber Gottes Gnade doch noch gesetzt und erhalten hat: Mit was für Beugung sollte er seinen Amtsnamen nennen hören!

Denke stets an Epheser 3, 8–9: Pauli Lobgesang auf sein Amt ist immer vom Kyrie eleison getragen!

Halte am Lesen der Heiligen Schrift. Fliehe die Kommentare! Denke immer daran, wie allein Du stehst, wie Du Dich wappnen mußt gegen Anfechtung und blendende Dinge. Da gilt es doppelt, die rechte Waage haben.

Predigt ‚studieren‘ ist ein armselig Ding. Es gilt vom Kapital der Schriftgedanken zu leben. Viele Pfarrer wissen überall mehr Bescheid

als in der Schrift. Gehöre ja nicht zu denen! Lies mit dem Stift in der Hand und lerne auswendig! Das ist der Segen meiner Gemeinde am Rhein gewesen, daß sie mich in die Schrift getrieben hat! Gottes Wort allein gibt einen freien Blick und große, weite Hoffnung.
Laß Dir das Beten nicht aus der Seele kommen. Trage alle, aber auch alle Dinge betend vor Gott, vor allem Deine Predigt. Was in ihr wirksam wird, wird nur aus dem Ringen mit Gott geboren. Jeder Geburt müssen die Wehen vorangehen.
Wenn Du mit anderen betest, dann laß Deine Gedanken geordnet sein, damit es kein Gewäsch wird. Lerne am Psalter, wie man's macht!

Laß Dein Haus allzeit ein Bethaus sein. Stelle die Wächter darum! Gib acht auf Deinen Wandel. Er soll eine Auslegung Deiner Predigt sein. Die Welt hat scharfe Augen auf Dich. Du wirst nicht nur von vorn, Du wirst von allen Seiten angesehen. Meide die sogenannte Gesellschaft. Sie legt nur Fußangeln und macht Dir das Schwert stumpf, mit dem Du zuschlagen sollst. Meide Habsucht. Denke immer daran, daß Paulus in der Nacht sein Handwerk trieb, um keinem beschwerlich zu fallen. Nichts ist elender als ein Geistlicher, dem man etwas anderes anmerkt.
Sei ebenso gleichgültig gegen Ehre wie gegen Lob. Fliehe die Schmeichler! Wenn Du zuläßt, daß sie Dich einseifen, dann darfst Du Dich nicht wundern, wenn sie Dir den Hals abschneiden. Was sind schon Titel? Du bist Pfarrer! Alles andere hängt doch nur an einem herum.

Halte Dein Amt hoch. Denke an den Tag Deiner Ordination. Du hast dieses Amt vom Herrn, wenn Dich auch Menschen dazu berufen haben. Laß Dir in erster Linie die Predigt am Herzen sein. Sie muß das Zentrum aller Deiner Arbeit bleiben. Mag einer noch so vortrefflich sein: Wenn es da fehlt, laufen die Leute auseinander. Fange schon am Montag mit der Arbeit dafür an. Ich bitte Dich, um Deiner Gemeinde willen, darum! Mach es jedesmal so gut Du kannst. Gott wird das Weitere tun. Darin sei vor allem treu.
Brenne in Deiner Predigt kein Raketenfeuer ab. Schieße mit Kugeln, die treffen. Es heißt: Die Rede ging ihnen durchs Herz — nicht über den Kopf.
Wenn Du je strafen mußt, dann laß merken, daß Du Dich selber zuerst gestraft hast. Die Schneide des Schwertes muß immer in der Scheide der Barmherzigkeit ruhen.

Sei treu in der Seelsorge. Schiebe nie einen erbetenen Besuch auf. Gehe gleich. Besuche Deine Gemeinde in gesunden Tagen. Sonst darfst Du Dich nicht wundern, wenn sie Dich für einen Totenvogel hält.
Weise nie einen Menschen ab. Du kannst ja nicht wissen, ob er gerade eben zum letztenmal kommt. Denke an Jesu Sprechstunde in der Nacht mit Nikodemus. Der Heiland hatte immer Sprechstunde. Wollte er allein sein, dann ging er auf einen Berg.
Laß Dir das Mitleid verschlagen über die Blindheit der Menschen. Und wenn Du zur Arbeit gehst, dann nimm Dir einen ganzen Bund Schlüssel und Sperrhaken mit. Du mußt wie ein Schlosser probieren. Es geht schon.
Tritt keine Türen ein! Der Herr macht sie auf — warte bis dahin. Tue alles, wie wenn Du nur noch diesen einen Tag hättest. Tue alles so, als ob Du dennoch noch Jahre lang warten könntest.
Und wenn Du alles nicht mehr kannst: Lieben kannst Du immer noch!" Das war Emil Frommels „Vademecum". Mit diesem Rüstzeug ging der neue Karlsruher Stadtpfarrer an die Arbeit. Er ging in Jahre der Auseinandersetzungen und des Kampfes.

Mann Gottes — der Tod ist in deinem Topf!

Wenn Emil Frommel in seiner Karlsruher Altstadtgemeinde gerade unter den kleinen Leuten viel Anhänglichkeit fand und es ausgezeichnet verstand, ihnen ein rechter Seelsorger zu sein, so geriet er dennoch schon bald in ernste Konflikte mit den extremistischen Kreisen der badischen Residenzstadt. Der Agendenstreit, der damals die Gemüter über Gebühr erhitzte, tat ein übriges dazu. Des Pfarrers ungenierte, weltoffene Art war nicht dazu angetan, störende Dinge schweigend hinzunehmen. Die Polemik seiner Widersacher machte ihm viel zu schaffen. Es schien sich wieder einmal zu bewahrheiten, daß der Prophet in seinem Vaterlande nichts gelte, und der Angefochtene entschloß sich denn auch, die Pfarrei aufzugeben.
Man bot ihm in jenen Tagen den Posten des Geistlichen der deutschen Gemeinde in Paris an. Doch dazu konnte er sich nicht entschließen. Für kurze Zeit überlegte er, nach Bremen zu gehen, sogar Haag in Holland stand zur Debatte — man hatte ihm auch von dort aus Pfarrstellen angetragen. Eine Festpredigt, die er als Gast in Barmen

hielt, entschied schließlich den weiteren Weg. Die Gemeinde Wuppertal wählte ihn zu ihrem Pfarrer. Er ging nicht ohne Sorgen aus der Heimat fort. „Ob solch ein deklariert süddeutsch' Gewächs, wie ich eines bin, auf jenem Boden gedeiht, das will erwogen sein. Werd ich mich in den Talgeist finden?" Dem Oberkirchenrat in Karlsruhe reichte er das Entlassungsgesuch ein. Es wurde ohne Verzug und mit der Empfehlung, es zu genehmigen, an den Großherzog weitergeleitet ...

Vielleicht hatte gerade dieses Zwischenspiel und die Fülle der enttäuschenden Erfahrungen mit einer nicht eben weitherzigen Behörde Frommels Abneigung gegen alles sogenannte „Kirchenregiment" am meisten beeinflußt. Als er später in einer Lage war, die ihm hohe Würden und Titel nahezu mühelos zufallen ließ, kam das immer noch und immer wieder durch. Bereits das Wort „Konsistorium" schuf ihm Unbehagen. Als ihm ein Berliner Hofprediger von einem Kollegen berichtete, der als Konsistorialrat auf eine begehrte Stelle berufen worden sei, meinte er sarkastisch: „Aber wie ist das nur möglich? Der Mann war doch immer noch ganz frisch?" Frommel hat übrigens, obwohl ihn seine spätere Stellung dazu verpflichtet hätte, nur einmal an einer turnusmäßigen Sitzung der leitenden Kirchenbehörde teilgenommen: „Nein! Gott soll mich behüten! Die sitzen dort nur an einem langen Tisch mit klapsigen Fingern und passen auf, wo sich irgendwelches Leben zeigen will. Und wenn sie's entdecken, schlagen sie gleich drauf, bis alles wieder friedlich und still ist. Einmal in meinem Leben bin ich dort gewesen und lief aus der Sitzung hinaus, dem Präsidenten zurufend: ‚Mann Gottes, der Tod ist in deinem Topf!' Wenn ich fünf Treppen hoch krieche, und setze mich zu einem armen Tropf ans Krankenbett, dann habe ich mehr getan ..."

Das sind scharfe Urteile, wohl aus der Situation heraus eingegeben — aber sie können nicht verschwiegen werden, wenn man dem Wesen Frommels gerecht zu werden versucht.
Mit der ganzen Begeisterung, die ihm eigen war, begann er in Wuppertal die Arbeit. Der Boden, den es zu beackern galt, war gewiß nicht einfach zu bestellen: „Es war viel Weltflucht da, und man mußte auch manchem Bruder im Herrn erst einmal die Stelzen unter den Füßen wegschlagen, damit er auf fester Erde stand.“ Ein Freund berichtete aus diesen Tagen: „Gerade, daß er nicht in dem engen Gleis hergebrachten Wesens fuhr, sondern wirklich auf einer Höhe stand, wo der Blick frei ist und die Seele weit wird, zog die Leute zu ihm hin und gewann ihm ihr Vertrauen. Er wurde ‚unser Pastor‘ in einem Sinn, wie das nur für wenige Pfarrer gültig sein kann“, und Frommel selbst bekannte: „Wie haben sie mich in die Bibel hineingetrieben, wenn sie da unten saßen und während der Predigt ihre mitgebrachten Bibeln aufschlugen!“ In dieser an neuen Kenntnissen und Erfahrungen reichen Zeit entstanden auch einige größere schriftstellerische Arbeiten. In Wuppertal schrieb Frommel die hernach vielgelesene „Familienchronik eines geistlichen Herrn“.

1868 war er einer Einladung nach Berlin gefolgt und hielt dort Vorträge. Der Feldpropst der preußischen Armee hörte ihn damals sprechen und fragte bereits wenige Tage später bei ihm an, ob er denn nicht Lust habe, als Garnisonspfarrer an die Spree zu kommen. Frommel hatte an so etwas freilich noch nie gedacht. Er sperrte sich wochenlang und fand zu einer Antwort nur schwer den Mut. Daß er diesem Ruf dann doch folgte, war wohl hauptsächlich dem Drängen anderer zuzuschreiben, die seine hervorragende Befähigung zu solchem Dienst erkannt hatten und den Widerstrebenden schoben und zogen: Der Abschied von der Wuppertaler Gemeinde wurde ihm sauer. Doch am 25. Februar 1870 trat der Garnisonspfarrer sein neues Amt an.

Hier wird nun wohl die entscheidende Zäsur in diesem Leben deutlich: Denn die nicht erstrebte, aber so unvermittelt gebotene Möglichkeit eines außerordentlichen Wirkens kam den weithin genialischen Veranlagungen in so maßgeschneiderter Form entgegen, sie ergänzte, befruchtete, ermunterte und verpflichtete einen für dieses Amt gleichsam Prädestinierten, daß man eigentlich von diesem Tage des Dienstbeginns in Berlin an auf irgendwelche chronologischen Fixpunkte im Bericht über die folgenden zweieinhalb Jahrzehnte verzichten kann. Nun wurde jener Mann Emil Frommel bekannt, von dem es später heißen sollte: „Wir verdanken ihm mehr, als man das sagen kann."

Die Zeit für das Eingewöhnen in Norddeutschland war knapp bemessen. Schon im Sommer marschierten die Berliner Regimenter nach Frankreich ins Feld und im August 1870 stand der „außeretatmäßige Divisionspfarrer" mit seinen Märkern in den Laufgräben vor den Wällen von Straßburg. Die Straßburger hatten es indes — ganz im Gegensatz zur so romantischen Erwartung der Deutschen — mit dem Preußischwerden beileibe nicht eilig. Wie ihr französischer Kommandant, ein gebürtiger Elsässer, dachten sie gar nicht daran, die Stadt zu übergeben. Obwohl die Lage an Rhein und Ill nach den Schlachten bei Weißenburg und Woerth eigentlich hoffnungslos geworden war und ihr Fall nur eine Frage der Zeit schien, tobte der Kampf um ihren Besitz wochenlang. Am 18. August eröffneten die Belagerer aus Hunderten von Geschützen und 88 eigens herantransportierten Mörsern das Feuer. Welche Gefühle mögen den Enkel einer Straßburgerin, der im Schatten des Münsters unvergeßliche Kinderjahre erlebt hatte, bewegt haben! In der Festung war durch das pausenlose Bombardement Not und Verzweiflung aufs höchste gestiegen. Ganze Straßenzüge

wurden ein Raub der Flammen. Auch die „Neue Kirche“, das Gotteshaus, in dem Frommel konfirmiert worden war, lag in Trümmern. Sein Tagebucheintrag vom Morgen des 27. September ist aufschlußreich genug: „Die weiße Fahne flatterte vom Münsterturm! Ich schlug mich auf die Seite, um allein zu sein und mich auszuweinen. Es waren Tränen der Freude und des tiefen Leides. Für beide Höhepunkte des Herzens haben wir ja nur diese eine Sprache empfangen. Im verziehenden Pulverdampf und aufsteigenden Abendnebel flattert die Fahne: Was lag nicht alles in ihr, gesehen mit den Augen der Liebe, der Erinnerung, der schönen Jugendtage!“
Am 30. September zogen die Preußen über den Kleberplatz in die geschundene Stadt ein, und am gleichen Tag predigte der Divisionspfarrer Frommel in der Thomaskirche: „Wir haben alle die Trümmer ringsum gesehen. Deutschland hat eine große Ehrenschuld, die Wunden zu heilen, die der Krieg schlagen mußte.“

Er blieb danach noch länger als ein halbes Jahr in Straßburg und sein Urteil war klar: „Die Beschießung mag strategisch notwendig gewesen sein. Politisch war sie ein Fehler, den wir nie wieder gutmachen können.“ Die Ratschläge, die er als Kenner von Land und Leuten den Verantwortlichen gab: „Eine von allen Kleinlichkeiten absehende, saubere, großzügige, geschmeidige und die Eigenart des elsässischen Wesens bewußt pflegende Art ist allein in der Lage, uns hier Herzen zu gewinnen“ — sie sind allerdings kaum befolgt worden. Die kommenden Jahre und Jahrzehnte haben das bewiesen, und der endgültige Verlust des Elsaß geht zu guten Teilen auf das Konto deutscher Unzulänglichkeiten.
Im Sommer 1871 stand Emil Frommel wieder auf seiner Berliner Kanzel. Der König von Preußen war Deutscher Kaiser geworden, Berlin nun Hauptstadt des neuen, geeinten Reiches. Binnen kurzem hatte sich vieles gewandelt. Ob zum Guten, das sollte die Zukunft erweisen. Heute, mehr als ein Jahrhundert danach, fällt es schwer, die Fragen von damals ohne Bitterkeit zu beantworten.

Majestät gehören auch zu den Schafen

Ein Vierteljahrhundert lang wirkte nun der Prediger, Seelsorger, Redner, Schriftsteller, der Freund der Jugend und der Vertraute dreier Kaiser in der aufstrebenden Hauptstadt des wiedergewonnenen Reiches. Unangefochten von allen äußeren Ehren, die ihm zufielen, in keiner Stunde berührt von den Gefährdungen eines nicht immer liebenswerten Zeitgeistes, zwar überzeugter Royalist, aber niemals Byzantiner, stets und auch inmitten norddeutscher Umgebung der urbane Mann typisch süddeutscher Prägung mit einem ganz persönlichen Verhältnis zu wahrer, innerer Freiheit — so wurde er im besten Sinn zur bekanntesten Erscheinung. Weit über die Grenzen der Militärgemeinde hinaus galten seine Predigten als besonderes Ereignis. Die Leute spürten von Jahr zu Jahr mehr, daß dieser Mann etwas zu sagen hatte. So etwa am Sonntag Reminiszere 1890: „Man mag sonst denken wie man will. Aber so blind kann man nicht sein, daß man nicht sieht, wie durch dieses Volk ein dunkler Strom zieht. Nicht die Stimme, aber die Stimmung, nicht die Zahlen, aber die Geister, die hinter ihnen stehen, sind es, die einem das Herz erbeben lassen. Hat der Prophet nicht diejenigen stumme Hunde genannt, die ihr Volk nicht mahnten? Zum Ernst aufzurufen, um Euch die Augen zu öffnen, dazu stehe ich hier. Was hat die Kirche in diesen Jahren gefehlt! Wie ist sie zu einer Staatsanstalt mit Beamten geworden, die die ‚Liebe' in statistischen Tabellen ihrer Verwaltungsbehörde katalogisiert! Fühlung mit dem Volk? Meine Freunde, schon die kommende Generation wird die Sturmernte dieser Windsaat ernten!" Oder bei einem Reformationsfest 1889: „Bei uns hört man viel zu wenig ein evangelisches Ja und viel zu oft das protestantische Nein!" Im Januar 1895 mahnte Frommel in Gegenwart des Kaisers und des Hofes in der Berliner Schloßkapelle: „Es gilt zu schonen und zu pflegen — nichts kann unser Volk weniger ertragen, als daß man seine Vergangenheit zum Versuchsfeld grauer Theorien macht. Am Volk darf keine Fabrikarbeit getan werden, sondern Gärtnerarbeit! Was nutzen uns schon Elektrisch-Licht-Christen, die immer nur leuchten wollen! Tun müßt Ihr etwas! Herauslieben müßt Ihr den Nächsten aus seiner Not! Das ist Evangelium!"

Es dürfte in jenen Tagen wenige Pfarrer gegeben haben, die die bedrückende Situation des sozialen Umbruchs so treffend und schonungslos aufzeigten. Die konfessionelle Not während des Kulturkampfes, den ja viele Protestanten als „nationale Sache" ansahen, geißelte er nicht weniger scharf: „Was nützen uns Füße, die wider Rom und nicht nach Zion ziehen?" Ein Zuhörer bekannte damals: „Wie soll man das nacherzählen? Das wäre, als wolle ich Rabe das Lied einer Nachtigall nachahmen. So etwas muß man selbst gehört haben! Wenn Frommel spricht, dann blitzt und funkelt es, dann steht ein Wetterleuchten vor einem." In Ludwigshafen attackierte der nach dort eingeladene Festprediger die hochgestimmte Versammlung anläßlich eines Gustav-Adolf-Festes: „Sieben haben schon vor mir geredet und nun werdet Ihr denken: Jetzt kommt nochmals einer! Aber alles, was ich Euch zu sagen habe, kann ich in drei Sätzen unterbringen: Ohne Buße keine Gnade, ohne Evangelium kein Friede, ohne Kreuz keine Krone! Lagert Euch um Himmels willen nicht im protestantisch-kühlen Schatten des Baumes der Protestation! Aus diesem Baum müssen endlich Ruten geschnitten werden — sonst hat diese ganze Feierei keinen Sinn mehr!"

Frommels Wirkungsfeld beschränkte sich keineswegs auf den begrenzten Raum seines Amtes. Er war sehr viel unterwegs, sei es als Begleiter des Kaisers, sei es als schlichter Redner bei irgendwelchen Veranstaltungen im weiten Land. Ebenso stand sein Haus in Berlin nahezu jedem weit offen: Neben einer beinahe manischen Freude am Schenken — er verschenkte während seines Lebens einschließlich des elterlichen, recht bedeutenden Vermögens so ungefähr alles, was er besaß — bot er den buntesten Gesellschaften Gastfreundschaft. Seine Wohnung wurde zum Mittelpunkt gesellschaftlichen Lebens, wie er es verstand: Er sah Künstler und Offiziere, Adlige und Studenten, schlichte Leute aus den Arbeitervierteln des Nordens der Stadt und bedeutende Männer des Geisteslebens bei sich — stets gebend, helfend, ratend und mahnend. Und es wird immer erstaunlch bleiben, was er nebenbei, in vielen Nachtstunden, literarisch arbeitete. Seine Bücher gehen in die Dutzende. Ob er nun Episoden aus der Kirchengeschichte,

Lebensbilder seiner Ahnen, Studien über Händel und Bach, Reiseerinnerungen, Kunstbetrachtungen, Predigten und Andachten, besinnliche Feuilletons oder seine vielgelesenen Romane verfaßte — eines ist diesen Schriften stets gemeinsam: Eine tiefe innerliche Gläubigkeit, eine bestrickend schöne Formulierung und ein strahlender Humor. Die Werte des Gemüts, die Lust am Scherz, die Freude am Witz und ein unbestechlich nüchterner Verstand wurden begabt genutzt: „Alles ist Euer — das ist nicht nur eine Erlaubnis, das ist eine Mahnung!" Der Einfluß, den er in diesen Jahrzehnten durch das geschriebene Wort gewann, war kaum zu überschätzen. Seine „Bilder zu den Festen der Kirche" erreichten 14 Auflagen.
Einflußreiche Kreise versuchten, ihn zum Generalsuperintendenten zu küren. Der Kaiser wollte ihn zum ersten Feldpropst der Armee und zum Oberhofprediger ernennen. Aber er hatte kein Glück. „Soll ich meine Gemeinde dran geben, mein Pfarramt, um Kirchenregiment zu spielen? Ich gehe nie und nimmer in eine Behörde!" Als der Monarch

ihm dann doch den Titel eines Hofpredigers verlieh, meinte er bei der Entgegennahme der Urkunde: „Majestät gehören auch zu den Schafen! Ein Pastor hätte vollauf genügt. Unter ‚Hofprediger' stelle ich mir etwas ganz schreckliches vor: Einen, der mehr oder minder aus Menschenfurcht zusammengesetzt ist und Leuten den Pelz waschen soll, ohne sie naß zu machen." Wen mag es da noch wundern, daß der Oberhofmarschall wenig später, als er um das Verschieben irgend eines Zeremoniells bangte und den Prediger Frommel während der vorangehenden kirchlichen Feier ungeduldig mahnte: „Majestät warten bereits", mit der selbstbewußt-erfrischenden Antwort abgefunden wurde: „Jetzt ist Gottesdienst."

Erst die beginnenden körperlichen Leiden ließen den Alternden die oder jene Annehmlichkeit annehmen, die ihm Wilhelm II. bot. So verbrachte Frommel die letzten Sommer seines Lebens in Sanssouci. Dort konnte er ungestört schreiben, lesen und arbeiten: „Man wird halt doch müde. Noch dazu, wo einen die Schinder" — so titulierte er die Ärzte — „so plagen. Wie froh bin ich für das bißchen Humor, das Gott mir mitgab. Es hat geholfen, ein wenig leichter über Menschen und Dinge hinwegzukommen. Zwar gab's da und dort mal Pfüffe, aber ich gab sie zurück. So ist's wohl am ehrlichsten gewesen. Und doch: Die sinkende Sonne ist größer als die aufgehende. Sie leuchtet so voll, aber sie sticht nicht mehr, sie strahlt, aber sie brennt nicht."

Nach einer schwierigen Nierenoperation bat Frommel den Kaiser um den Abschied. Er wurde ihm als „Geheimem Oberkonsistorialrat" bewilligt. Dazu meinte der Geehrte: „Oberkonsistorialrat war schlimm. Auch so etwas für die Pappschachtel. Aber es ist schon mehr drinnen."

Beim Abschiedsgottesdienst, den er in der Potsdamer Garnisonskirche feierte, sagte er: „Gott hat mir in diesem Jahr schwerer Krankheit viel beigebracht. Aber wenn ich zurückschaue auf meinen Weg: Es ist alles, alles nur Gnade gewesen."

Wilhelm II. bot dem Ruheständler nun das Schloß in Plön als Wohnsitz an und bat ihn, dort nach Möglichkeit die Erziehung der kaiserlichen Prinzen zu überwachen. Frommel sagte zu. Er kam aus Schleswig-Holstein dann nur noch einmal nach Berlin zurück und ermahnte die alte Gemeinde: „Ach, ich bin nochmals gekommen, um Euch zu bitten, daß Ihr die Liebe, die Ihr mir so reich entgegengebracht habt, ja nicht an die anderen Leute weiterzugeben vergeßt!"

Wenige Wochen später teilten ihm die Ärzte die Notwendigkeit eines neuen operativen Eingriffs mit. Er willigte ein, aber er wußte auch, daß er ans Ziel gelangt war: „Nun ja, wenn Ihr meint!“ Und: „Begraben will ich in Berlin sein. Tragt meinen Sarg vor den Altar und haltet keine Reden. Der 103. Psalm genügt. Blumen sollen keine gebracht werden. Gebt das Geld den Armen. Haltet in Liebe zusammen: Das ist mir wichtiger als viele Trauer. Und bitte nur ein einziges Vaterunser, anstelle der Nachruf- und Bibelschwänze der Amtsbrüder. Ich habe mir bei anderen Beerdigungen sowas oft genug anhören müssen.“

Acht Tage danach stand der weiße Sarg, in dem er begraben werden wollte, vor dem Altar der Garnisonskirche. Der erste, der ihm im Trauergeleit folgte, war der Deutsche Kaiser. Acht Offiziere Berliner Garderegimenter trugen den Heimgegangenen zu Grabe und man respektierte auch, was er für die Gestaltung seiner letzten Ruhestätte verfügt hatte: „Auf dem Hügel soll nur ein Kreuz stehen. Ein Name soll nicht darauf kommen. Aber ein Vers:

‚Ob auch die Welt in Trümmer geht,
das Kreuz doch unerschüttert steht.
Ob auch die Seel' im Kampfe bricht,
o Jesus Christ, dich laß ich nicht!‘“

Aus allerlei Briefen

Wer sich durch den Glauben regieren läßt, braucht durch den Aberglauben nicht kuriert zu werden.

Die Artikel des christlichen Glaubens gehen uns erst im Leben der Erfahrung allmählich am Horizont auf, und einer übertrifft den andern an Klarheit. Sie sind wie die Sterne, die werden erst in der Nacht sichtbar. Wenn die Morgenröte kommt und die Luft der Ewigkeit uns anweht, dann werden wir ihrer nicht mehr bedürfen. Dann leuchtet die Sonne.

Gottes Züge mit dem Menschenherzen sind oft sehr merkwürdig. Wir weben wohl in unser Leben Phantasieblumen hinein. Der Herr aber gibt die schwarze Ausfüllung dazu. Bei ihm wird in Kreuzstichen genäht.

Alles im Leben, in Gewährung und Entsagung, im Nehmen und Geben, in Haß und Liebe auch von Menschen — alle die großen und kleinen Verlegenheiten anzusehen als Gelegenheiten Gottes zur Auferbauung unserer selbst, scheint mir ein Hauptkunstgriff zum Verständnis des eigenen Lebens zu sein. Nichts ist gleichgültig, keine Stunde vergebens, kein Umweg verlorener Weg.

Wo kein Ausweg ist, gibt es immer noch einen Aufweg.

An der Güte und Treue Gottes wird ein selten Rechenexempel aufgeführt: der Mensch legt sich dabei aufs Subtrahieren und Dividieren dessen, was Gott ihm genommen, bei sich aber auf Addieren und Multiplizieren mit seiner Tugend. So sollte es nicht sein.

Gott läßt sich nicht die Uhr von uns stellen. Seine Zeit ist die beste Zeit.

Das ist ein guter Rat: Nicht jeden Stein am Weg aufheben, sondern, wenn er zu groß ist, ihn umgehen. Und vorwärts!

Im Dienen ist Seligkeit, Dienen ist ein stilles Herrschen, wie beim Heiland. Wer sich selbst dienen läßt, ist abhängig. Wer dient, ist frei. Der Freiheitssinn macht's noch nicht allein. Nur, wen der Sohn frei macht, der ist recht frei.

Es gibt keine furchtloseren Leute als die, die Gott wahrhaft fürchten. Jedes Menschenleben ist nur soviel wert, als es für andere gelebt wird.

Die Liebe der meisten Menschen ist wie ein Schwamm, aus dem man mühsam einige Tröpflein herauspreßt.

Durch Sturmwind auf dem Meer kommen mancherlei Schiffe in die rettende Bucht, die sonst nicht zusammengekommen wären.

Mit-Leiden ist mehr als Mitleid.

Ärgere Dich nicht über die Menschen, hab lieber etwas mehr Erbarmen mit ihnen. Müssen wir nicht in der Welt eben oft Kanäle und Blitzableiter sein?

Etliche Liebe muß man üben, etliche muß man leiden.

„Ich habe schreien helfen", sagte das Kleinste, als sein Bruder ins Wasser fiel.

Es ist keine Kunst, im Tempel zu Jerusalem ein Christ sein. Man muß es auf der Straße gen Jericho auch sein.

Wer nicht Geduld haben will mit anderer Schwächen, wird mit anderer Bosheit gestraft.

Es gibt Dinge, die lassen sich nicht ändern und werden auch nicht besser durch Aussprechen. Ist man da nicht auf demselben Boden, zieht man den Kürzeren. Die Ewigkeit ist ja auch noch da, die vieles offenbarmachen und ändern wird.

Wie die Bühlerthaler ihre Kanonen wieder holten

Im schönen badischen Land, nicht weit davon, wo der berühmte „Affenthaler“ wächst, liegt auch das Örtlein Bühlerthal. Ob der geneigte Leser einmal als Weinreisender dahin gekommen ist oder als Kurgast von Baden-Baden aus, weiß ich nicht. Aber es lohnt sich wohl, zur Frühlings- oder Herbstzeit hinzuwandern nach der dunkeln Yburg oder der freundlichen Windeck, und sich's dort oben ein wenig gruseln zu lassen, wenn ihm die alte schwarze Wirtin erzählt, wie der letzte Yburger um sein Schloß gekommen.

„Der Ritter“, berichtet sie, „war ein leichtfertiger Kumpan und verspielte Wald und Feld, zuletzt gar auch seine Seele an den Teufel. Denn der versprach ihm Geld und Gut zu verschaffen, wenn er in die Gruft stiege, die Särge öffnete und die Gebeine seiner Vorfahren hinter sich würfe, ohne den Namen Gottes auszusprechen; denn wo er das tue, sei's um ihn geschehen.

Der Ritter ging den Pakt ein mit dem Bösen und tat, wie er ihn geheißen. Als er aber an den letzten Sarg kam, darin sein eigner Sohn schlief, der vor Jahren gestorben war, sieht er den da liegen, blühend wie eine Rose und die Augen offen, als sei er noch am Leben. Da faßte ihn ein Schauder, und er schrie auf: „Ach, mein Gott!“ Und wie das Wort über die Lippen war, tat's einen furchtbaren Knall, und das ganze Schloß ging in Flammen auf. Um Mitternacht aber kommen die längst entschlafenen Mönche vom Kloster Fremersberg herüber und beten für den Ritter. Ich habe schon mehr wie einmal ganz naturell einen gesehen mit meinen Augen, der langsam auf und ab ging und das Brevier betete, und kann einen körperlichen Eid darauf schwören“.

Wenn sich der Wanderer hat gruseln lassen und der schwarzen Wirtin etwas dafür in die Hand gedrückt, so kann er dann links ab in den

dunkeln Tannenwald gehen und kommt heraus an den Weinbergen bei Varnhalt, trinkt dort unten im „Weißen Roß“ einen guten Schoppen als probates Mittel gegen das Gruseln und gelangt, wenn er weiter zieht, endlich auch nach Bühlerthal.
Ob das Örtlein seiner Zeit mit dem Yburger Raubritter in Fehde gelegen, oder es mit dem Windecker gegen den Straßburger Bischof gehalten hat, weiß ich zwar nicht zu sagen. Aber das Örtlein hatte seine zwei stattlichen eisernen Kanonen, daraus denn auch in friedlichen Zeiten beim Herbsten wacker losgeknallt wurde, damit jeder männiglich wüßte, die Bühlerthaler hätten heuer einen guten Herbst. Jahreszahl und Namen fehlten auf den Kanonen nicht, und wenn sie ihren Dienst getan, wurden sie ins Spritzenhaus unter Schloß und Riegel gebracht, bis sie an Großherzogs Geburtstag oder einem andern hohen Landesfest wieder gebraucht wurden. So haben sie viele Jahre

lang treulich ihre Pflicht getan, und die Bühlerthaler waren nicht wenig stolz auf ihre Kanonen, die so laut und lustig knallten.
Da kam der Marschall Moreau auf seinem Rückzuge auch durch den Schwarzwald ins Bühlerthal. Gar mancher von den Alten erinnerte sich noch, wie da und dort einer vom rückwärtsziehenden Heere durch die Wäldler weggeschossen wurde. Als die Franzosen ins Bühlerthal kamen, hatten sie auch bald die zwei eisernen Kanonen herausgeschnüffelt, und der Marschall befahl: „Die nehmen wir mit, denn die können wir gebrauchen.“ Als ihm darauf die Bühlerthaler Gegenvorstellungen machten und meinten, daß sie die Kanonen noch besser gebrauchen könnten, sagte er ganz böse: „Es beißt keine Maus einen Faden davon ab. Die Kanonen müssen her!“

So nahmen sie denn den Bühlerthalern ihre Kanonen fort, und sie waren verloren, wiewohl man wußte, wo sie hingeraten waren.
Derweil haben sich denn die Bühlerthaler mit Katzenköpfen und Böllern und Fröschen behelfen müssen beim Herbsten oder an Großherzogs Geburtstag, und wenn es damit am Ende auch ging, so sagten die Alten doch immer: „Wenn wir unsere zwei eisernen Kanonen noch hätten, die uns die Franzosen gestohlen haben, tät's doch noch ärger knallen. Die hättet Ihr einmal hören sollen!"
So ging Jahr und Tag darüber hin, und nur von Zeit zu Zeit kam im Adler oder Löwen, wenn vom Kriege die Rede war, noch die Sprache auf die Kanonen.
Da geschah's denn, daß der Franzos einmal wieder Händel anfing im Jahre 1870 und sein Glück probieren wollte, was ihm aber schlecht bekommen ist. Denn er hatte den Rhein nicht gesehen, außer wenn's in die Gefangenschaft ging, und noch viel weniger ein Stück davon bekommen, sondern hat längst geraubtes Gut wieder herausgeben müssen und noch viel Geld dazu, das er auch lieber behalten hätte. Von ihren Bergen aus hörten auch die Bühlerthaler, wie's drüben im Elsaß donnerte und krachte, und sahen das schöne Straßburg brennen. Endlich ward's übergeben.
Etwa 14 Tage nachher kamen zum Austerlitzer Tor herein ein paar hochgewachsene Bauersleute nach Straßburg im Sonntagswams und silberweißen Haaren. Die trieben sich in dem Gewoge auf den Straßen herum und schienen etwas zu suchen. Da trafen sie endlich einen Artilleristen und fragten den: „Um Vergebung, Herr Feldwebel, kann er uns nit sage, wer hier in der Stadt Herr und Meister und der Vornehmst' isch?"
Da dachte der Artillerist: „Der Vornehmste, das ist jedenfalls mein Major, und ein braver, freundlicher Mann obendrein", und zeigte den Bauern dessen Wohnung. Die war auf dem Platz, wo die Artillerieschule ist und die vielen Kanonen liegen. Sie gingen hinauf und klopften an.
„Um Vergebung, Herr Oberst", sagten da die zwei Männer, als sie der Major verwundert ansah, „mir sin Bühlerthaler und hätten mit dem Herrn Oberst e Wörtle zu rede."
Der Major nahm sie herein und fragte freundlich: „Nun, womit kann ich den Herren dienen?
„Ja, sehe se", war die Antwort, „des isch halt so e Sach', die wir mit

einander hawwe. Gucke se, Herr Oberst, mir Bühlerthaler hätte so zwei eiserne Kanone emol gehabt, die hawwe, vor ihrer Ehr ze redde, die knitze Franzose uns früher emol g'schtohle. Die möchte mer gar ze gern widder hawwe. Denn warum? Se gehöre uns von Rechts wege. Und jetzt muß doch der Franzos alles widder herausgewwe, da hawwe mer halt denkt, mer mache uns auf de Weg un gucke emol, ob mer se net kriege könne. Wisse se, Herr Oberst, es kommt uns au of'e paar Flasche Affenthaler oder Bühlerthaler, vom Beschte, wenn se wolle, net an, wemmer nur die Kanönle widder kriege. Sein se so gut!"

Der Major drehte sich seinen Schnauzbart, der ihm im Felde um ein ansehnliches gewachsen war, und lachte. „Ja, Kinderchen", sagte er, „das wäre schon janz schön (der Major war ein Berliner Kind), aber wo soll ich denn die Kanonen finden? Wer weiß, wohin sie die Franzosen jeschleppt haben! Wenn ihr mir sagen könnt, wo sie sind, dann sollt ihr sie haben, nota bene, ohne Affenthaler, aber mit Verjnügen, wenn's irgend jeht."

Da lachten die zwei Alten auf den Stockzähnen und sagten: „Herr Oberst, um Vergebung, da wüßte mer schon B'scheid. Mir wisse ganz gut, wo se sinn."
„Ja, aber könnt ihr's denn auch beweisen, daß die Kanonen euch jehören?" erwiderte der Major.
„Freile, freile!" sagten die beiden. „Mir könnet's beweise, 's schteht alles jo genau druf, anno so und so viel."
„Ja, wo sind sie denn", fragte der Major.
„Ha hinte auf'm Hof an dem große Haus, wo so e wälsche Name hat, wo die viele Flinde und Schwerder sin!"
„Aha", erwiderte der Major, „im Arsenal?"
„Jo, jo, grad so heißt's. Mir wölle mit ihne gehe, wenn Se's erlauwe."

„Nun denn, so kommt!"
Sie schritten durch die Straßen, und als sie im inneren Hofraum des Arsenals angekommen waren, wandten sich die beiden Alten stracks auf die Stelle zu, wo ein Weg durch den Hof führt. Mit einem Male standen sie vor zwei Kanonenmündungen still.
„Des sin se, Herr Oberst!" riefen sie leuchtenden Antlitzes beide aus, „des sin unsre Bühlerthaler Kanönle, se könnet's glauwe."
Der Major ließ ein paar Mann kommen, die mußten die beiden Kanonen, welche als Prellsteine eingegraben waren, ausschaufeln. Und als sie nun frei da lagen, gaben sich die beiden Alten mit ihren Sacktüchern und Ellbogen sofort ans Wischen und Putzen. Richtig, da kam allmählich alles an den Tag, Jahreszahl und Ort, und die beiden Alten weinten fast vor Freude.
„Aber, woher wußtet ihr denn, daß sie jerade hier liegen? fragte der Major.
„Jo, wisse se, Herr Oberst", war die Antwort, „wir zwei sin die älschte Leit im Ort un hawwe noch draus g'schosse, ehe die Malefiz-Franzose se g'schtohle hawwe. Hernach hawwe mer die Kanönle nachgespürt und sin manchmal 'rüber komme, ze sehe, ob sie noch lewe. Do hawwe mer se do in der Erd' liege sehe, daß es uns nor gedauert hat for das scheen Geschütz."
„Nun, wollt Ihr sie denn jetzt gleich mitnehmen?"
„Um Vergebung, Herr Oberst, wenn Se's erlauwe, lasse mer se noch e bissele liege. De müsse in Ordnung abgeholt werde!"
„Auch jut!" antwortete der Major.

Unter vielem Danke verabschiedeten sich die beiden Alten nun von dem Major, dem die Anhänglichkeit der alten Leute an ihre „Kanönle“ viele Freude gemacht hatte und der durch einen ausführlichen Bericht über die Sache leicht die Erlaubnis erwirkte, daß die Bühlerthaler das alte Eisen mitnehmen durften. Er ließ durch seine Leute die „Kanönle“ hübsch sauber putzen.
Wenige Tage drauf erschien ein Wagen, von vier prachtvollen Schimmeln gezogen und mit Blumen und Eichenkränzen verziert. Junge Burschen, mit Bändern und Sträußen geschmückt, saßen auf den Pferden, und auf dem Wagen noch sechs der ältesten Bühlerthaler Männer. Auch diese bestätigten es mit leuchtenden Augen, daß das wahrhaftig und naturell die Bühlerthaler Kanonen seien. Diese wurden dann mit Eichenkränzen reich geziert und ehrfurchtsvoll auf den großen Leiterwagen gehoben. Beim Abfahren sagte einer der beiden Alten, welche zuerst da gewesen waren, nachdem er noch einmal im Namen der ganzen Bühlerthaler Gemeinde dem Major gedankt hatte: „Herr Oberst, wie wär's, wenn Se mit uns fahre täte? Das wär' doch schön; dann könnt sich die Gemeind' selbst bei Ihne bedanke. Un Wein könnte Se trinke, so viel Se wollte, vom allerbeschte.“
Der Major wußte aber ein Liedlein davon zu singen, was es heißt, auf einem Leiterwagen sechs Stunden weit zu fahren, und noch dazu mit zwei „Kanönle“ an Bord. Er dachte an seine Knochen und an Weib und Kind, lehnte dankbarlich die Einladung ab und wünschte Glück auf die Reise.
„Aber wisse Se“, sagte dann wieder einer, „das Allerschönscht' kommt noch. Der Herr Amts-Vorstand hawwe e schöne Red' eing'studiert von

wegen de Kanönle, und der Herr Pfarrer auch, un der Schullehrer mit der ganze Schul'kommt uns entgege, un 's wird geläut' mit alle Glocke, wemmer in unsern Bann komme, und dann kommt erscht die Hauptsach', das Feschtesse im goldne Löwe."

Aber selbst das „Feschtesse" machte auf den Major nicht den gewünschten Eindruck, obwohl er an und für sich kein abgesagter Feind von Festessen war, und er dankte abermals.

Da tritt noch einmal einer von den Alten zu dem Major heran und raunt ihm leise zu: „Herr Oberst, auf ein Wort! Ihrem Johann haw ich doch e paar Flasche vom Gute hinte hingstellt für Sie. Se könne ihn trinke, er isch gut. Adjes, Herr Oberst, un nix for ungut!"

So fuhren sie denn mit ihren Kanonen unter hellem Jubel zur wunderschönen Stadt hinaus, und daheim war Freude über Freude. Die „Kanönle" wurden am selbigen Tage noch ganz warm geschossen, und jeder Schuß wurde vom Freudengeschrei der lieben Schuljugend begleitet.

So hat sich's zugetragen, daß die Bühlerthaler Anno 70 ihre Kanonen wieder bekommen haben.

Geben und Vergeben

Was ist schwerer, geben oder vergeben? Das Geben geht zumeist nur aus der Tasche des Menschen, das Vergeben aus dem Herzen. Was man gibt, das gibt man von dem, was man hat, wenn man aber vergibt, dann gibt man ein Stück von dem, was man ist. Wenn Gott uns alles gäbe, Regen und Sonnenschein und fruchtbare Zeiten, und er täte nicht dieses Eine, daß er dir deine Schuld vergibt, wie arm wärest du! Denk an deine Kindertage. Wenn dir da die Eltern alles gegeben und zu Weihnachten geschenkt hätten, was du dir gewünscht, aber sie hätten etwas im Herzen gegen dich gehabt und dir deine Schuld nicht vergeben, wie traurig und dunkel war dein Weihnachten bei allem Lichterglanz! Wie anders, als das Wort der Verzeihung kam!
Wohl bitten wir alle Tage im Vaterunser: „Vergib uns unsere Schuld", aber es gibt Tage im Leben, da diese Bitte uns besonders not tut; da es gilt, die Generalrevision unseres inwendigen Menschen zu machen. Wir fegen das Haus alle Tage, aber es gibt in einem geordneten Haushalt einen Tag in der Woche, wo einmal gründliche Reinigung stattfindet. Man bessert wohl ein Schiff da und dort im Lauf des Jahres aus, aber einmal zieht man es ans Land und kehrt den Kiel um und repariert es bis auf den Grund. Solch Tag und Stunde ist der Altjahrsabend, wo du einmal das Konto richtigstellen und die Bilanz zwischen Soll und Haben ziehen mußt in Gedanken, Worten und Werken; dich nicht bloß prüfen, was du getan, nein, auch was du versäumt an Liebe, Treue und Ernst, wo du in deinem Tun nicht mit dem ganzen Menschen dabei gewesen bist. Wenn man so vor seinen Gott hintritt, da kann man nicht anders als mit dem Knecht im Evangelium sprechen: „Herr, habe Geduld mit mir", dann aber sich auch darauf verlassen: „Der dir alle deine Sünden vergibt".

Eine Silvesterpredigt

Es war der letzte Tag im Jahr. Der Schnee lag hoch in den Straßen. Die Kälte war auch nicht schlecht, und auf nachmittags drei Uhr die Beerdigung eines Generals von besonderem Verdienst und reicher Begabung angesetzt. Nun hat aber der alte Heinrich Müller recht: „Leichenreden sind keine leichten Reden", und ich seufzte oft mein Teil dabei. So ging mirs auch damals, — aber „des Jahres letzte Stunde" half, und mein Reitergeneral wurde zum Silvesterprediger an alle, die um seinen Sarg standen und sich's vielleicht vorgenommen, bei diesem Hundewetter in keine Silvesterpredigt zu gehen.
Die Leichenrede war zu Ende — hinaus auf den weiten Kirchhof ging von allen den hundert Zuhörern nur ein einziger mit. Wir standen im tiefen Schnee, und die Träger mit den erstarrten Fingern und den Leichenbittergesichtern beim Schleppen des schweren Sarges sputeten sich heimzukommen, denn sie mußten ja zumeist den Silverstergottesdienst um fünf Uhr einläuten. Ich aber sollte um sechs Uhr Silvesterpredigt halten.
Schon während der Rede am Sarge fuhr mir's immer wieder wie ein Schrecken durch die Glieder: Wo bleibt deine Silvesterpredigt? Auf dem langen Weg hinaus, immer im Schritt dem Kirchhof zu, konnte ich nur den Text wieder und wieder überlegen. Es war der 23. Psalm. Ich wußte nichts anderes. Es war mittlerweile fünf geworden und dunkel. Von fern hörte ich die Glocken läuten, es war noch ein langer Weg zu meiner Kirche. Da konnte ich mich denn nur in meines Gottes Arme werfen, und lebhaft mußte ich an den alten Doktor Christian Barth denken, der einst einem verzagten jungen Festprediger sagte: „Fürchten Sie nichts, der Herr wird Sie und die Predigt halten."
So kam ich zur Kirche, die bis zum letzten Raum gefüllt war. Ich predigte, so gut es ging und mußte mich der Kritik jenes Küsters getrösten, der bei einer schwachen Predigt zum Kandidaten sagte: „Der Herr hat geholfen", während er, wenn die Predigt gar nichts taugte, bemerkte: „Es war ein schwerer Text!"
Zwei Tage darauf erhielt ich einen Brief mit dem Poststempel einer tief in Ostpreußen liegenden Station, dessen Adresse lautete: „An den Geistlichen der Garnisonkirche in Berlin." Der Inhalt war folgender: „Geehrter Herr! Sie kennen mich nicht und ich Sie nicht; unsre Na-

men sollen auch verschwiegen bleiben, er tut nichts zur Sache. Ich eilte am Silvesterabend zur Ostbahn, um mit den Meinigen Neujahr zu feiern. Der hohe Schnee ließ meinen Wagen nicht durch, wir blieben stecken, und ich verfehlte den Zug. Heimkehrend sah ich die hellerleuchtete Kirche, deren Namen ich nicht kannte. Ich ging mit meiner kleinen Reisetasche hinein und setzte mich auf die nächste, beste Bank. Ich hörte, und *ein* Wort, auf das ich seit acht Jahren gewartet, das mir Licht im Dunkel geben sollte — ich darf Ihnen nicht sagen welches — ist mir geworden. So viel will ich aber sagen: ich bin, wenn auch erst am zweiten Jahrestage, zu den Meinen als ein Mensch heimgekommen, dem ein Bann vom Herzen genommen war. In Jahren haben mich die Meinen nicht so gesehen. Ich schreibe Ihnen dies, weil ich denke, daß es einem Geistlichen eine Stärkung im Amte sein könnte, zu wissen, daß einer, der den Zug verfehlt hat, eben dadurch in den rechten Zug gekommen!" Ohne Unterschrift schloß der Brief.

Ich mußte mir sagen: das war auf dich gemünzt. Hättest du keinen General zu begraben und mehr Zeit gehabt, du hättest wahrscheinlich einen andern Text genommen, und dein ostpreußischer Mann wäre so getröstet nicht heimgekommen. So liegt es schließlich doch noch an etwas anderem als an Textwahl und geistlicher Beredsamkeit, wiewohl ich keinem raten möchte, es mit der Vorbereitung leicht zu nehmen. Aber Gott tut, wenn du sonst das Deine getan, auch an einer schwachen Predigt das Seine über Bitten und Verstehen. Der Brief war das Neujahrsgeschenk meines Herrn. Und auch dem unbekannten Silvestergast werde ich in der Ewigkeit dafür danken.

Text von Ludwig Wien, Illustrationen von Bruno Kröll
Gesamtherstellung Heinrich Schneider, Karlsruhe
ISBN 3-8729-7113-5

INHALTSVERZEICHNIS

Zur Erinnerung an D. Emil Frommel
wurde anläßlich des Tages, an dem sich sein Geburtstag
zum 150. Mal jährte, eine Sonderprägung hergestellt.
Die in begrenzter Auflage gefertigte Feinsilber-
Medaille ist beim Hans Thoma Verlag, Blumenstraße 7,
7500 Karlsruhe, zu beziehen.